Smart Cities

L'intelligenza Urbana di Domani

Enrico Guardelli

Idea di copertina di: MedTechBiz

MedTechBiz
PUBLISHER
Smart Cities - L'intelligenza Urbana di Domani

Introduzione...5

Cosa sono le Città Intelligenti?..9

Storia ed Evoluzione del Concetto..................................12

Importanza delle Città Intelligenti nel Contesto Attuale..............14

Parte I: Fondamenti di Città Intelligenti...........................19

Tecnologia e infrastrutture...22

Internet delle Cose (IoT) e Connettività...............................22

Infrastrutture IT: Reti, Data Center e Cloud computing...........26

Piattaforme di Gestione Urbana.......................................30

Dati e Intelligenza Artificiale...35

Raccolta e Analisi dei Dati...35

Big Data e la sua Applicazione nelle Città Intelligenti...........39

Intelligenza Artificiale: Applicazioni e Impatti.....................43

Energia e Sostenibilità..48

Reti Elettriche Intelligenti (Smart Grid)............................48

Energie Rrinnovabili ed Efficienza Energetica.....................51

Gestione Sostenibile delle Risorse.................................53

Parte II: Componenti della città intelligente......................56

Trasporti e Mobilità...58

Sicurezza e Governance..62

Esempi e casi di studio...71

Parte III: Città Pionieristiche e Città intelligenti...................72

Smart Cities - L'intelligenza Urbana di Domani

Caso di Studio: Barcellona.. 72

Caso di Studio: Singapore...77

Caso di Studio: Amsterdam... 82

Progetti e Iniziative in Sviluppo..88

    Progetti nelle Città Emergenti....................................... 88

    Iniziative Regionali e Internazionali............................... 92

    Collaborazioni Pubblico-Privato.....................................95

Parte IV: Sfide e Futuro delle Città Intelligenti.........................**99**

    Sfide Tecnologiche e Sociali... 102

    Politiche Pubbliche e Regolamentazione........................... 107

    Innovazioni Tecnologiche Emergenti................................ 112

    Prospettive per i Prossimi Decenni................................. 116

    Scenari Futuri e Previsioni.. 119

Riepilogo dei Punti Principali... 122

Visione per il Futuro.. 129

Pensieri Finali.. 135

Appendici... 138

    Glossario di Termini... 138

    Libri Consigliati.. 142

    Articoli e Relazioni Accademiche....................................144

    Contatti e Reti di Collaborazione................................... 147

Riferimenti.. 150

Smart Cities - L'intelligenza Urbana di Domani

Introduzione

Negli ultimi decenni, il mondo è stato testimone di una rapida urbanizzazione, con una crescita esponenziale della popolazione urbana.

Queste città, in quanto centri di innovazione e progresso, si trovano ad affrontare sfide senza precedenti in termini di infrastrutture, mobilità, sicurezza, salute e sostenibilità.

La ricerca di soluzioni efficienti e sostenibili è fondamentale per garantire la qualità della vita dei cittadini e la resilienza urbana.

Il concetto di Smart Cities è emerso come una risposta innovativa a problemi urbani complessi. Integrando tecnologia, dati e governance, le città intelligenti propongono un modello di sviluppo urbano più efficiente e sostenibile, centrato sui bisogni umani.

Una città intelligente utilizza la tecnologia e l'innovazione per migliorare la gestione delle risorse urbane, promuovendo la sostenibilità e aumentando la qualità della vita dei suoi abitanti in settori quali i trasporti, l'energia, le comunicazioni, la salute e la sicurezza.

Le tecnologie dell'informazione svolgono un ruolo centrale nelle Smart Cities, essendo l'Internet delle cose (IoT), i Big Data e l'Intelligenza Artificiale (AI) i pilastri fondamentali.

Queste tecnologie consentono la raccolta, l'analisi e l'utilizzo di grandi volumi di dati in tempo reale, facilitando il processo decisionale e la gestione proattiva dei servizi urbani.

La sostenibilità è altrettanto essenziale, essendo vitale per il futuro delle città la gestione efficiente delle risorse naturali e la promozione di pratiche ambientali responsabili.

La mobilità urbana è una sfida fondamentale che le Smart Cities affrontano attraverso sistemi di trasporto pubblico intelligenti, veicoli autonomi ed elettrici e soluzioni di utilizzo dell'auto condivisa.

Queste innovazioni migliorano la mobilità, riducono la congestione e contribuiscono a ridurre la contaminazione e il consumo di energia.

La sicurezza viene inoltre rafforzata con sistemi avanzati di monitoraggio e governance digitale, che promuovono la trasparenza e la partecipazione dei cittadini.

Diverse città in tutto il mondo, come Barcellona, Singapore e Amsterdam, stanno raccogliendo i benefici delle iniziative di città intelligenti.

Questi esempi offrono idee preziose e migliori pratiche che altre città possono adattare.

Tuttavia, l'implementazione delle città intelligenti deve affrontare sfide importanti, come problemi di privacy, sicurezza dei dati, inclusione digitale e disuguaglianza, che devono essere superate.

Le politiche e le normative pubbliche sono cruciali per lo sviluppo delle Smart Cities, richiedendo un quadro normativo che supporti l'innovazione, garantisca la protezione dei dati dei cittadini e promuova la collaborazione tra il settore pubblico e quello privato.

Questo libro esplora i diversi aspetti delle Smart Cities, dalle basi tecnologiche alle sfide e alle tendenze future, e funge da guida per manager urbani, pianificatori, professionisti della tecnologia e chiunque sia interessato a costruire città più intelligenti, più sostenibili e umane.

Buona lettura!

Cosa sono le Città Intelligenti?

Negli ultimi decenni, il concetto di Smart Cities ha acquisito importanza come approccio innovativo allo sviluppo urbano.

Le Smart Cities sono aree urbane che utilizzano le tecnologie digitali e di comunicazione per aumentare l'efficienza dei servizi urbani, promuovere la sostenibilità e migliorare la qualità della vita dei cittadini.

Segun Caragliu et al. (2011), una città è considerata intelligente quando "le inversioni nel capitale umano e sociale e nelle tradizionali (trasporti) e nelle moderne infrastrutture di comunicazione (ICT) favoriscono lo sviluppo economico sostenibile e un'elevata qualità della vita, con una gestione prudente delle risorse naturali, attraverso governo partecipativo".

Tecnologia e innovazione sono i pilastri delle Smart Cities. Utilizzano tecnologie avanzate, come Internet of Things (IoT), Big Data e Intelligenza Artificiale (AI), per raccogliere e analizzare dati in tempo reale. Queste tecnologie facilitano il processo decisionale e la gestione proattiva dei servizi urbani, rendendo le città più efficienti e rispondenti ai bisogni dei loro abitanti (Batty et al., 2012).

Le città intelligenti sono costituite da sei dimensioni principali: economia intelligente, mobilità intelligente, ambiente intelligente, persone intelligenti, vita intelligente e governance intelligente.

Secondo Giffinger et al. (2007), queste componenti lavorano insieme per creare un ecosistema urbano interconnesso ed efficiente, promuovendo uno sviluppo urbano più armonioso e sostenibile.

L'integrazione dei sistemi è una caratteristica fondamentale delle Smart Cities. L'interconnettività e l'interoperabilità tra diversi sistemi urbani sono cruciali per il successo delle Smart Cities, consentendo una gestione integrata ed efficiente delle risorse urbane (Nam & Pardo, 2011).

Storia ed Evoluzione del Concetto

Il concetto di Smart Cities è emerso alla fine degli anni '90 e all'inizio degli anni 2000, quando le tecnologie dell'informazione e della comunicazione hanno iniziato a essere viste come strumenti essenziali per la gestione urbana.

Harrison et al. (2010) evidenziano che le prime iniziative Smart City si concentravano principalmente sulle infrastrutture e sulla connettività digitale, come si può vedere nei progetti pionieristici di Amsterdam e Barcellona.

Con l'avanzamento della tecnologia, il concetto di Smart Cities si è evoluto fino a comprendere a pieno titolo le infrastrutture digitali, nonché la sostenibilità ambientale e la qualità della vita dei cittadini. Hollands (2008) afferma che "l'evoluzione delle Smart Cities riflette la crescente integrazione delle ICT con la sostenibilità e l'innovazione sociale".

Questo sviluppo è stato accompagnato da un aumento significativo di convegni e pubblicazioni sull'argomento, che riflette un crescente interesse accademico e professionale.

I governi di tutto il mondo hanno iniziato ad adottare politiche per promuovere lo sviluppo delle Smart Cities, riconoscendone il potenziale per risolvere problemi urbani complessi (Albino, Berardi & Dangelico, 2015).

Città come Copenaghen, Seul e Singapore sono diventate esempi di iniziative di città intelligenti di successo, che dimostrano i benefici tangibili di questi approcci (Lee et al., 2014).

Importanza delle Città Intelligenti nel Contesto Attuale

Le città moderne devono affrontare sfide importanti, tra cui la crescita demografica, il cambiamento climatico e la pressione sulle risorse naturali.

Cohen (2012) sostiene che "le città intelligenti offrono soluzioni innovative a queste sfide, migliorando la sostenibilità e la resilienza urbana".

L'implementazione di tecnologie intelligenti può migliorare significativamente la qualità della vita urbana, fornendo servizi più efficienti e riducendo l'impatto ambientale (Komninos, 2011).

Uno dei principali ambiti di interesse per le Smart Cities è l'efficienza energetica. Le reti elettriche intelligenti e l'uso di energie rinnovabili sono essenziali per la sostenibilità delle città (Kramers et al., 2014).

Le città intelligenti affrontano anche il movimento urbano attraverso soluzioni innovative come il trasporto pubblico intelligente, i veicoli autonomi e i sistemi di biciclette condivise, riducendo la congestione e migliorando l'efficienza degli spostamenti urbani (Shaheen et al., 2010).

Un'altra priorità è la sicurezza pubblica. Tecnologie come telecamere di sorveglianza avanzate e analisi dei dati in tempo reale migliorano la capacità delle autorità di rispondere agli incidenti e garantire la sicurezza pubblica (Neirotti et al., 2014).

Inoltre, la salute digitale e il monitoraggio ambientale sono componenti essenziali delle città intelligenti e contribuiscono a creare ambienti urbani più sani (Deakin & Al Waer, 2011).

La governance digitale promuove la trasparenza e la partecipazione dei cittadini, rafforzando la fiducia tra governo e popolazione (Meijer & Bolívar, 2016).

L'inclusione digitale è fondamentale per garantire che tutti i cittadini beneficino equamente delle tecnologie Smart City (Vanolo, 2014), e le tecnologie Smart City hanno anche il potenziale per ridurre le disuguaglianze sociali offrendo opportunità di istruzione e occupazione attraverso le piattaforme digitali (Hollands, 2015).

L'economia digitale è un motore di crescita per le città intelligenti, che crea nuove opportunità di business e guida l'innovazione (Cohen, 2014).

Le Smart Cities sono progettate per essere resilienti, capaci di affrontare e riprendersi da disastri naturali e altri eventi avversi (Meerow, Newell & Stults, 2016).

La collaborazione tra il settore pubblico e quello privato è essenziale per lo sviluppo delle Smart Cities, promuovendo l'innovazione e l'implementazione di soluzioni tecnologiche (Nam & Pardo, 2011).

Infine, l'istruzione è fondamentale per il successo delle Smart Cities, poiché fornisce ai cittadini le competenze necessarie per partecipare attivamente alla società digitale (Komninos, 2015).

La sostenibilità ambientale è al centro delle città intelligenti, promuovendo pratiche responsabili e la conservazione delle risorse naturali (Jiang et al., 2014).

Mentre il mondo continua a urbanizzarsi, lo sviluppo delle città intelligenti diventa ancora più cruciale. Batty (2013) afferma che "le Smart Cities rappresentano il futuro dell'urbanizzazione sostenibile ed efficiente".

Le Smart Cities sono infatti un modello di urbanizzazione emergente e innovativo che integra tecnologia, dati e governance per affrontare le sfide urbane contemporanee.

Concentrandosi sui bisogni umani e sulla sostenibilità, le Smart Cities hanno il potenziale per trasformare la vita urbana e creare un futuro più resiliente e sostenibile.

Smart Cities - L'intelligenza Urbana di Domani

Parte I: Fondamenti di Città Intelligenti

L'urbanizzazione accelerata degli ultimi decenni ha presentato sfide importanti alle città di tutto il mondo. Con l'aumento della popolazione urbana, temi come mobilità, infrastrutture, sicurezza e sostenibilità sono sempre più presenti.

La ricerca di soluzioni efficaci a questi problemi ha guidato lo sviluppo del concetto di Smart Cities, che propone un approccio innovativo alla gestione urbana.

Le Smart Cities sono definite dall'integrazione di tecnologie avanzate, come Internet of Things (IoT), Big Data e Intelligenza Artificiale (AI), nelle operazioni quotidiane delle città.

Questi progressi tecnologici consentono la raccolta e l'analisi dei dati in tempo reale, facilitando una gestione più efficiente e proattiva delle risorse e dei servizi urbani. Attraverso queste tecnologie, le città possono ottimizzare l'uso dell'energia, migliorare la mobilità, aumentare la sicurezza e promuovere la sostenibilità ambientale.

Tuttavia, l'implementazione delle Smart Cities va oltre la semplice adozione di nuove tecnologie. Richiede una visione olistica che consideri gli aspetti sociali, economici e ambientali.

La partecipazione attiva dei cittadini e la collaborazione tra governi, imprese e mondo accademico sono essenziali per creare un ecosistema urbano che sia veramente intelligente e sostenibile.

Le Smart Cities non riguardano solo le infrastrutture tecnologiche, ma riguardano anche il miglioramento della qualità della vita e la promozione dello sviluppo umano.

In questa prima parte del libro esploreremo i fondamenti delle Smart Cities. Discuteremo la definizione e i concetti di base, esaminando come queste città si sono evolute nel tempo e la loro crescente importanza nel contesto attuale.

Affronteremo le principali dimensioni che danno forma alle Smart Cities, tra cui l'economia intelligente, la mobilità, l'ambiente, la vita, le persone e la governance.

Attraverso questa analisi, forniremo una comprensione completa dei principi e delle pratiche che sostengono lo sviluppo delle Smart Cities.

Tecnologia e infrastrutture

Internet delle Cose (IoT) e Connettività

L'Internet of Things (IoT) è uno dei pilastri fondamentali delle Smart Cities. Consiste nell'interconnessione di dispositivi fisici, come sensori, attuatori e altre apparecchiature, che raccolgono e scambiano dati.

Questi dispositivi sono integrati nei sistemi informativi, consentendo l'automazione e il monitoraggio dei processi urbani.

Secondo McKinsey & Company (2018), l'IoT può migliorare l'efficienza operativa e il processo decisionale nelle città, facilitando la gestione di risorse come acqua, energia e trasporti.

I sensori IoT possono monitorare la qualità dell'aria, la circolazione dei veicoli, il consumo energetico e persino l'integrità strutturale di edifici e ponti.

Questa capacità di monitoraggio in tempo reale consente alle autorità cittadine di rispondere rapidamente alle emergenze e apportare modifiche proattive per migliorare l'efficienza.

Uno studio di Zanella et al. (2014) evidenzia come l'IoT possa contribuire alla creazione di un'infrastruttura urbana più resiliente e ricettiva.

La connettività è un'altra componente cruciale per il successo delle città intelligenti. Le reti ad alta velocità come il 5G sono essenziali per supportare la grande quantità di dati generati dai dispositivi IoT.

La velocità e la bassa latenza del 5G consentono la comunicazione istantanea tra dispositivi, il che è vitale per le applicazioni che richiedono risposte rapide, come veicoli autonomi e sistemi di gestione del traffico.

Come menzionato da Gubbi et al. (2013), l'implementazione di reti robuste è un prerequisito per lo sviluppo di servizi urbani intelligenti ed efficienti.

Oltre alle reti 5G, le città intelligenti possono utilizzare altre tecnologie di comunicazione come LoRaWAN e NB-IoT per connettere dispositivi a basso consumo che operano su vaste aree.

Queste tecnologie consentono la raccolta di dati in luoghi remoti o di difficile accesso, integrando le reti ad alta velocità nelle aree urbane densamente popolate.

Gli studi di Chen et al. (2017) dimostrano che la combinazione di diverse tecnologie di comunicazione può creare un'infrastruttura di connettività robusta e versatile.

Smart Cities - L'intelligenza Urbana di Domani

Smart Cities - L'intelligenza Urbana di Domani

Infrastrutture IT: Reti, Data Center e Cloud computing

L'infrastruttura della tecnologia dell'informazione (IT) è la colonna vertebrale delle città intelligenti. Reti di comunicazione, data center e servizi di cloud computing sono elementi essenziali per l'elaborazione e l'archiviazione dei dati raccolti dai dispositivi IoT.

L'efficienza e la capacità di queste infrastrutture determinano l'efficacia delle soluzioni intelligenti implementate nelle città. Segun Batty et al. (2012), l'infrastruttura IT deve essere scalabile e sicura per supportare la continua crescita delle città intelligenti.

Le reti di comunicazione, sia fisiche che wireless, garantiscono la connettività necessaria al funzionamento delle Smart Cities. Le reti in fibra ottica forniscono elevata capacità e velocità di trasmissione dei dati, essenziali per le applicazioni che richiedono un'ampia larghezza di banda.

D'altro canto, le reti wireless come Wi-Fi e 5G offrono flessibilità e mobilità, consentendo ai dispositivi e agli utenti di rimanere connessi ovunque si trovino.

Il rapporto Cisco (2018) evidenzia l'importanza di un'infrastruttura di rete solida e integrata per supportare la crescente domanda di servizi intelligenti.

I data center sono essenziali per archiviare ed elaborare grandi volumi di dati generati da dispositivi IoT e altre fonti. Forniscono la potenza di calcolo necessaria per effettuare analisi complesse e fornire informazioni elaborabili in tempo reale.

Anche l'efficienza energetica e la sostenibilità dei data center sono preoccupazioni importanti, poiché consumano grandi quantità di energia.

Gli studi di Gupta et al. (2019) suggeriscono che l'implementazione di tecnologie di refrigerazione efficienti e l'uso di energia rinnovabile possono ridurre significativamente l'impronta di carbonio dei data center.

Il cloud computing svolge un ruolo cruciale nel fornire infrastrutture IT su richiesta. Consente alle città di espandere le proprie capacità di elaborazione e archiviazione secondo necessità, senza la necessità di grandi investimenti hardware.

I servizi cloud come Amazon Web Services (AWS) e Microsoft Azure offrono piattaforme flessibili e scalabili in grado di supportare una varietà di applicazioni urbane intelligenti.

Marston et al. (2011) indicano che il cloud computing facilita l'implementazione di soluzioni per città intelligenti riducendo i costi e aumentando la flessibilità.

La combinazione di reti ad alta velocità, data center efficienti e servizi di cloud computing crea una potente infrastruttura IT in grado di supportare le esigenze delle città intelligenti.

L'integrazione di queste componenti consente una gestione efficiente delle risorse urbane e la realizzazione di servizi innovativi che migliorano la qualità della vita dei cittadini. Come hanno osservato Dirks e Keeling (2009), l'infrastruttura IT è un fattore abilitante fondamentale per la trasformazione digitale delle città.

Piattaforme di Gestione Urbana

Le piattaforme di gestione urbana sono sistemi integrati che aggregano dati provenienti da diverse fonti e li utilizzano per monitorare, gestire e ottimizzare i servizi urbani.

Queste piattaforme sono essenziali per trasformare i dati grezzi raccolti dai dispositivi IoT in informazioni utili per il processo decisionale. Consente una visione olistica delle operazioni urbane, facilitando il coordinamento tra diversi settori e servizi.

Per Nam e Pardo (2011), le piattaforme di gestione urbana sono fondamentali per implementare soluzioni di città intelligenti. Grazie a tecnologie avanzate di visualizzazione e analisi dei dati, fornisce informazioni in tempo reale.

Pannelli interattivi e mappe di calore sono alcuni degli strumenti utilizzati per monitorare l'attività urbana e identificare utenti e anomalie. L'analisi predittiva, guidata da algoritmi di intelligenza artificiale, può prevedere i guasti nell'infrastruttura e ottimizzare l'allocazione delle risorse.

Il lavoro di Chourabi et al. (2012) sottolinea l'importanza dell'analisi dei dati per migliorare l'efficienza e la resilienza delle operazioni urbane.

Oltre all'analisi dei dati, le piattaforme di gestione urbana facilitano l'integrazione e l'interoperabilità tra diversi sistemi e servizi. Permette di condividere e utilizzare in modo coordinato le informazioni su traffico, energia, sicurezza e salute.

Questa integrazione è fondamentale per creare un ecosistema urbano coeso ed efficiente. Uno studio di Harrison et al. (2010) evidenzia come l'interoperabilità tra i sistemi possa migliorare il coordinamento e la risposta alle emergenze nelle città intelligenti.

Le piattaforme di gestione urbana promuovono inoltre la partecipazione dei cittadini fornendo canali di comunicazione tra residenti e autorità municipali.

Le applicazioni mobili e i portali online consentono ai cittadini di segnalare problemi, accedere alle informazioni in tempo reale e partecipare alle decisioni della comunità.

Questo impegno attivo è essenziale per creare città intelligenti che soddisfino i bisogni e le aspettative dei loro abitanti. Caragliu et al. (2011) dimostrano che la partecipazione dei cittadini è una componente vitale per il successo delle Smart Cities.

La sicurezza dei dati e la privacy sono preoccupazioni fondamentali nel contesto delle piattaforme di gestione urbana. Proteggersi dagli attacchi informatici e garantire che i dati personali dei cittadini siano utilizzati in modo etico sono sfide che devono essere affrontate.

L'attuazione di solide politiche di sicurezza e trasparenza nell'uso dei dati è essenziale per conquistare la fiducia dei cittadini e garantire la sostenibilità delle Smart Cities.

Infine, le piattaforme di gestione urbana devono essere progettate in modo che siano scalabili e adattabili alle esigenze future.

L'urbanizzazione e il progresso tecnologico continueranno ad evolversi e le piattaforme dovranno essere in grado di adattarsi a questi cambiamenti.

La flessibilità dell'architettura e la capacità di incorporare nuove tecnologie sono caratteristiche importanti di queste piattaforme.

Schaffer et al. (2011) affermano che l'adattabilità e la scalabilità sono essenziali per garantire che le soluzioni per le città intelligenti continuino ad essere pertinenti ed efficaci per un lungo periodo di tempo.

Pertanto, l'infrastruttura tecnologica delle Smart Cities, composta da IoT, reti di comunicazione, data center, cloud computing e piattaforme di gestione urbana, è fondamentale per la trasformazione digitale delle città.

L'integrazione di queste tecnologie consente una gestione più efficiente e sostenibile delle risorse urbane, migliora la qualità della vita dei cittadini e prepara le città ad affrontare le sfide future.

La collaborazione tra governi, aziende e cittadini, insieme all'adozione di solide politiche di sicurezza e privacy, sono essenziali per il successo delle Smart Cities.

Dati e Intelligenza Artificiale

Raccolta e Analisi dei Dati

La raccolta e l'analisi dei dati sono componenti essenziali per il funzionamento delle Smart Cities. Con la proliferazione di dispositivi connessi, le città intelligenti sono in grado di generare quotidianamente un'enorme quantità di dati.

Questi dati vengono raccolti da varie fonti, tra cui sensori del traffico, telecamere di sicurezza, contatori di energia, sistemi di trasporto pubblico e persino dispositivi personali dei cittadini.

Secondo Manyika et al. (2011), la capacità di raccogliere e analizzare dati in tempo reale consente alle città di essere più ricettive ed efficienti nella gestione delle proprie risorse.

La raccolta dei dati è solo il primo passo. L'analisi di questi dati è ciò che realmente converte le informazioni senza trasformarle in conoscenza pratica. Gli strumenti di analisi dei dati ti consentono di identificare gli utenti, prevedere le tendenze e ottimizzare le operazioni urbane.

Ad esempio, i dati provenienti dai sensori del traffico possono essere analizzati per ottimizzare i segnali stradali, ridurre la congestione e migliorare il flusso dei veicoli.

Secondo Glaeser et al. (2013), l'analisi dei dati può migliorare significativamente l'efficienza e la qualità dei servizi urbani.

La qualità dei dati raccolti è fondamentale per l'accuratezza delle analisi. Dati incompleti o errati possono portare a decisioni sbagliate, incidendo negativamente sulla gestione urbana.

Pertanto, è essenziale implementare solide pratiche di gestione dei dati, tra cui la pulizia, la convalida e l'integrazione dei dati provenienti da fonti diverse. Chen et al. (2014) evidenzia l'importanza delle tecniche di gestione dei dati per garantire che le analisi siano basate su informazioni accurate e affidabili.

L'analisi dei dati in tempo reale è una caratteristica distintiva delle Smart Cities. Tecnologie come il cloud computing e l'analisi predittiva consentono di elaborare grandi volumi di dati in un istante, consentendo risposte rapide a eventi come incidenti stradali o guasti alle infrastrutture.

Harrison et al. (2010) evidenziano che la capacità di analisi in tempo reale è fondamentale per migliorare la resilienza e l'efficienza delle operazioni urbane.

La raccolta dei dati deve essere accompagnata da un approccio etico e trasparente. La privacy e la sicurezza dei dati sono preoccupazioni importanti per i cittadini.

Le città intelligenti devono attuare politiche rigorose per proteggere i dati personali e garantirne un uso responsabile.

La trasparenza nella raccolta e nell'utilizzo dei dati è essenziale per conquistare la fiducia dei cittadini e garantire il successo delle iniziative di smart city.

Big Data e la sua Applicazione nelle Città Intelligenti

Il concetto di Big Data si riferisce a un insieme di dati così vasto e complesso che gli strumenti tradizionali di gestione dei dati non sono in grado di elaborarli in modo efficiente.

Nelle Smart Cities, i Big Data svolgono un ruolo cruciale nel consentire l'analisi di grandi volumi di informazioni generate dalle attività urbane.

Queste analisi possono offrire approfondimenti profondi e dettagliati su vari aspetti della vita urbana, dalla mobilità alla gestione delle risorse.

Secondo Manyika et al. (2011), i Big Data possono trasformare il modo in cui funzionano le città, fornendo miglioramenti significativi nell'efficienza e nel processo decisionale.

Una delle principali applicazioni dei Big Data nelle città intelligenti è la gestione del traffico. I dati raccolti dai sensori del traffico, dalle telecamere di sorveglianza e dai dispositivi GPS presenti nei veicoli possono essere analizzati per identificare le fonti di congestione e ottimizzare il flusso del traffico.

Gli studi di Zheng et al. (2014) dimostrano che l'analisi dei Big Data può ridurre significativamente la congestione e migliorare l'efficienza dei sistemi di trasporto pubblico.

Oltre al traffico, i Big Data vengono utilizzati per migliorare la gestione energetica nelle città intelligenti. I dati sul consumo energetico raccolti dalle reti elettriche intelligenti possono essere analizzati per identificare modelli di utilizzo e ottimizzare la distribuzione dell'energia.

Segun Wu et al. (2014), l'analisi dei Big Data può aiutare a ridurre il consumo energetico e promuovere la sostenibilità urbana, implementando strategie come l'adeguamento dinamico delle tariffe e la gestione proattiva della domanda.

I Big Data svolgono un ruolo cruciale anche nella sanità pubblica. L'analisi dei dati sanitari può identificare epidemie, monitorare l'efficacia degli interventi e prevedere le future esigenze dei servizi sanitari.

Gli studi di Raghupathi e Raghupathi (2014) evidenziano che l'analisi dei Big Data nella sanità pubblica può salvare vite umane consentendo risposte rapide e ben informate alle crisi sanitarie.

Un'altra importante applicazione dei Big Data è la sicurezza pubblica. I dati raccolti da telecamere di sorveglianza, sensori e rapporti sugli incidenti possono essere analizzati per prevedere e prevenire i crimini.

Wang et al. (2017) mostra che l'analisi predittiva basata sui Big Data può aumentare significativamente l'efficacia delle forze di sicurezza, consentendo un approccio più proattivo e specifico alla prevenzione della criminalità.

I Big Data possono anche migliorare la partecipazione dei cittadini e la trasparenza del governo. Le piattaforme di visualizzazione e dati aperti consentono ai cittadini di accedere alle informazioni sulla gestione della città e di partecipare attivamente alle decisioni della comunità.

Per Janssen et al. (2012), la trasparenza e la partecipazione dei cittadini sono essenziali per il successo delle iniziative di città intelligenti, promuovendo un governo più responsabile e ricettivo.

Intelligenza Artificiale: Applicazioni e Impatti

L'Intelligenza Artificiale (AI) è una delle tecnologie più trasformative nel contesto delle Smart Cities. Permette l'automazione e l'ottimizzazione di processi urbani complessi, migliorando l'efficienza e la qualità dei servizi urbani.

L'intelligenza artificiale utilizza algoritmi di apprendimento automatico, reti neurali e altre tecniche avanzate per analizzare i dati e prendere decisioni basate su tali dati.

Secondo Russell e Norvig (2010), l'intelligenza artificiale può rivoluzionare la gestione urbana fornendo soluzioni innovative a nuove sfide.

Una delle applicazioni dell'intelligenza artificiale più visibili nelle città intelligenti è la gestione del traffico. Gli algoritmi di apprendimento automatico possono analizzare i dati sul traffico in tempo reale e regolare i segnali stradali per ottimizzare il flusso dei veicoli. Gli studi di Li et al. (2018)

dimostrano che l'intelligenza artificiale può ridurre i tempi di viaggio e minimizzare la congestione, migliorando gli spostamenti urbani.

L'intelligenza artificiale è ampiamente utilizzata anche nella gestione delle risorse energetiche. Gli algoritmi di deep learning possono prevedere la domanda di energia con grande precisione e adattare di conseguenza la produzione e la distribuzione.

L'applicazione dell'IA nella gestione dell'energia può ridurre consumi e costi, promuovendo un uso più sostenibile delle risorse naturali.

Nel settore sanitario, l'intelligenza artificiale ha il potenziale per trasformare la fornitura di assistenza medica. I sistemi di intelligenza artificiale possono analizzare i dati sanitari per diagnosticare precocemente le malattie, personalizzare i trattamenti e prevedere l'insorgenza di malattie.

Smart Cities - L'intelligenza Urbana di Domani

Gli studi di Esteva et al. (2017) dimostrano che l'intelligenza artificiale può eguagliare o addirittura superare la precisione dei medici in determinate diagnosi, migliorando i risultati sulla salute dei pazienti.

Anche la sicurezza pubblica trae notevoli benefici dall'intelligenza artificiale. Gli algoritmi di riconoscimento facciale e l'analisi predittiva vengono utilizzati per identificare i sospetti e prevedere attività criminali.

Wang et al. (2017) evidenziano che l'intelligenza artificiale può aumentare l'efficienza delle forze di sicurezza, consentendo un approccio più proattivo e preciso alla prevenzione della criminalità.

Oltre a queste applicazioni specifiche, l'intelligenza artificiale può migliorare la gestione generale delle città intelligenti. I sistemi di intelligenza artificiale possono integrare e analizzare dati provenienti da diverse fonti per fornire una visione olistica delle operazioni urbane. Ciò consente una gestione più coordinata ed efficiente delle risorse urbane.

La capacità di integrare e analizzare dati provenienti da più fonti è uno dei principali vantaggi dell'intelligenza artificiale nelle città intelligenti.

Tuttavia, l'implementazione dell'intelligenza artificiale nelle città intelligenti non è priva di sfide. Le preoccupazioni etiche come la privacy e la trasparenza sono preoccupazioni importanti.

È essenziale che le città adottino politiche chiare e trasparenti sull'uso dell'intelligenza artificiale, garantendo che i dati personali siano protetti e che le decisioni algoritmiche siano giuste e spiegabili.

La trasparenza e la responsabilità sono fondamentali per conquistare la fiducia dei cittadini e garantire l'uso etico dell'IA.

Energia e Sostenibilità

Reti Elettriche Intelligenti (Smart Grid)

Le reti elettriche intelligenti, note anche come Smart Grid, rappresentano un'importante evoluzione nell'infrastruttura energetica delle città intelligenti. Questi sistemi integrano la tecnologia di comunicazione e automazione con la rete elettrica tradizionale, che consente una gestione più efficiente e resiliente della distribuzione dell'energia.

Le Smart Grid sono in grado di rilevare e rispondere automaticamente ai guasti, riducendo i tempi di interruzione della fornitura elettrica e migliorando l'affidabilità del sistema.

Una delle caratteristiche principali delle Smart Grid è la capacità di monitorare i flussi di energia in tempo reale. Sensori e contatori intelligenti installati in tutta la rete raccolgono dati sul consumo e sulla domanda di energia, consentendo una gestione più precisa ed efficiente.

Come evidenziato da Amin et al. (2005), il monitoraggio in tempo reale è essenziale per identificare in modo proattivo i problemi e ottimizzare il flusso di energia sulla rete.

Più che il monitoraggio, le Smart Grid facilitano l'integrazione delle fonti energetiche rinnovabili nella rete elettrica. Pannelli solari, turbine eoliche e altre forme di generazione distribuita possono essere collegati alla rete in modo più efficiente, sfruttando al massimo le risorse naturali disponibili.

P.Siano et al. (2014) afferma che l'integrazione delle energie rinnovabili nelle Smart Grid riduce la dipendenza dai combustibili fossili e contribuisce alla riduzione delle emissioni di carbonio.

Un altro vantaggio delle Smart Grid è la loro capacità di supportare sistemi di accumulo di energia. Le batterie e altri dispositivi di accumulo possono essere utilizzati per immagazzinare energia durante i periodi di bassa domanda e fornirla quando la domanda è elevata, il che aiuta a bilanciare l'offerta e la domanda di energia sulla rete.

Secondo F. Li e Y. Liu (2018), lo stoccaggio dell'energia è fondamentale per l'integrazione di fonti intermittenti, come il solare e l'eolico, garantendo una fornitura continua e affidabile di elettricità.

Energie Rrinnovabili ed Efficienza Energetica

Le Smart Cities puntano fortemente sull'uso delle energie rinnovabili e sulla promozione dell'efficienza energetica. Fonti come il solare, l'eolico, l'idroelettrico e la biomassa vengono esplorate come alternative sostenibili ai combustibili fossili.

L'energia solare, in particolare, è stata ampiamente adottata nelle città intelligenti grazie alla sua abbondanza e al basso impatto ambientale.

Secondo H. Lund et al. (2014), l'energia solare fotovoltaica è una delle forme di generazione di elettricità più convenienti e rispettose dell'ambiente.

L'efficienza energetica è un'altra priorità nelle Smart Cities. Tecnologie come l'illuminazione a LED, i sistemi di climatizzazione intelligente e l'isolamento termico vengono adottate per ridurre i consumi energetici e i costi di esercizio degli edifici e delle infrastrutture urbane.

Mentre J. Yan et al. (2017), l'efficienza energetica è fondamentale per garantire la sostenibilità in un'ampia gamma di città, riducendo la domanda di risorse naturali e minimizzando gli impatti ambientali.

Oltre alla produzione e al consumo di energia, le Smart Cities si occupano anche della gestione intelligente dei rifiuti. Vengono implementati sistemi di raccolta selettiva, riciclaggio e compostaggio per ridurre la quantità di rifiuti inviati agli sfioratori e promuovere un'economia circolare.

Come notato da A. Joss (2015), la gestione sostenibile dei rifiuti è essenziale per ridurre al minimo gli impatti ambientali e promuovere la conservazione delle risorse naturali.

Gestione Sostenibile delle Risorse

Le città intelligenti adottano anche un approccio sostenibile alla gestione di altre risorse naturali, come l'acqua e l'aria. Le tecnologie di tracciamento e controllo vengono utilizzate per garantire l'uso efficiente e responsabile di queste risorse.

Ad esempio, i sistemi idrici intelligenti possono regolare automaticamente l'utilizzo dell'acqua nei parchi e nei giardini urbani in base alle condizioni climatiche e alle esigenze delle piante.

S. Shafiee e E. Topal (2009) definiscono che la gestione sostenibile dell'acqua è fondamentale per affrontare le sfide della scarsità e della contaminazione dell'acqua.

Più dell'acqua, la qualità dell'aria è una preoccupazione importante per le Smart Cities. I sensori di contaminazione installati in tutta la città monitorano i livelli di contaminazione dell'aria e forniscono dati in tempo reale sulla qualità dell'aria.

Queste informazioni vengono utilizzate per sviluppare politiche e misure volte a mitigare la contaminazione, come incentivi per l'uso di veicoli elettrici e restrizioni al traffico in aree con alte concentrazioni di contaminanti.

Come evidenziato da MZ Jacobson et al. (2018), la gestione della qualità dell'aria è essenziale per proteggere la salute pubblica e garantire un ambiente urbano sicuro e sano.

Pertanto, le Smart Cities cercano di promuovere la sostenibilità energetica e ambientale attraverso l'adozione di reti elettriche intelligenti, energie rinnovabili, efficienza energetica e gestione responsabile delle risorse naturali.

Queste iniziative non solo riducono l'impatto ambientale delle attività urbane, ma contribuiscono anche a costruire città più resilienti, sane e abitabili per i cittadini.

L'integrazione tra tecnologia, pianificazione urbana e politiche ambientali è essenziale per raggiungere questi obiettivi e garantire un futuro sostenibile per le generazioni future.

Parte II: Componenti della città intelligente

Le Smart Cities sono sistemi urbani complessi guidati dall'innovazione e dalla tecnologia, che cercano di fornire una migliore qualità della vita ai cittadini promuovendo al contempo efficienza e sostenibilità.

Questa parte del libro è dedicata all'esplorazione delle principali componenti che compongono queste città intelligenti, evidenziando come ciascuna di esse contribuisce a costruire ambienti urbani più connessi, efficienti e inclusivi.

L'integrazione armonica di diversi elementi è fondamentale per l'efficace funzionamento delle Smart Cities.

Dalle infrastrutture tecnologiche ai sistemi di trasporto e energetici, ogni componente gioca un ruolo cruciale nel plasmare l'ambiente urbano del futuro.

In questa parte esamineremo in dettaglio i principali pilastri delle Smart Cities, affrontandone caratteristiche, vantaggi e sfide.

Comprendendo le componenti essenziali delle città intelligenti, gli amministratori urbani, i pianificatori e i professionisti della tecnologia saranno meglio preparati ad affrontare le sfide dell'urbanizzazione moderna e a promuovere lo sviluppo di città più intelligenti, più sostenibili e resilienti.

Adottando un approccio olistico e integrato, possiamo costruire un futuro urbano in cui innovazione e tecnologia contribuiscono al benessere di tutti i cittadini.

Trasporti e Mobilità

I trasporti e la mobilità sono aspetti essenziali della vita urbana e le Smart Cities stanno ridefinendo questi concetti attraverso l'innovazione e la tecnologia.

Integrando soluzioni di trasporto intelligenti, queste città cercano sul campo di migliorare l'efficienza dei viaggi, riducendo al tempo stesso la congestione, la contaminazione e le emissioni di carbonio, promuovendo così una vita urbana più sostenibile e connessa.

Il trasporto pubblico intelligente è un elemento fondamentale nello sconvolgimento del movimento urbano nelle Smart Cities. Sistemi di trasporto pubblico efficienti e ben pianificati sono essenziali per garantire che i cittadini possano spostarsi rapidamente, in sicurezza e facilmente all'interno della città.

Questi sistemi includono autobus, treni e contatori dotati di tecnologia all'avanguardia per ottimizzare percorsi, orari e tariffe.

Lo sviluppo di sistemi di trasporto pubblico intelligenti può portare a una significativa riduzione del traffico sulle strade, oltre a promuovere una più equa distribuzione delle risorse di trasporto tra i cittadini.

Implementando soluzioni come il tracciamento in tempo reale di autobus e treni, i passeggeri possono pianificare i propri viaggi con maggiore precisione, riducendo i tempi di attesa e migliorando l'esperienza di viaggio.

I veicoli autonomi ed elettrici rappresentano una rivoluzione nello scenario della mobilità urbana.

Questi veicoli, dotati di tecnologia di guida autonoma e azionati da energia elettrica, hanno il potenziale per trasformare radicalmente il modo in cui viaggiamo all'interno delle città.

Smart Cities - L'intelligenza Urbana di Domani

Eliminando la necessità di conducenti umani e riducendo le emissioni di gas contaminanti, i veicoli autonomi ed elettrici promettono di rendere i viaggi più sicuri, più puliti e più efficienti.

I veicoli autonomi hanno il potenziale per ridurre drasticamente il numero di incidenti stradali, dato che la maggior parte di questi incidenti sono causati da errori umani.

Adottando veicoli elettrici, le città possono ridurre la loro dipendenza dai combustibili fossili e ridurre le emissioni di carbonio, contribuendo così alla lotta contro il cambiamento climatico e l'inquinamento atmosferico.

Anche i sistemi di utilizzo condiviso dei veicoli svolgono un ruolo importante nella promozione della mobilità urbana sostenibile.

Attraverso le applicazioni di sharing di auto, biciclette e scooter, i cittadini possono noleggiare veicoli per brevi periodi e pagare solo il tempo di utilizzo.

Pertanto, sono previsti incentivi per l'uso del trasporto pubblico e dei mezzi di trasporto non motorizzati, riducendo la necessità di possedere veicoli privati e i problemi associati, come la congestione e la contaminazione.

Evidenziato da Shaheen et al. (2017), i sistemi di utilizzo delle auto condivise hanno il potenziale per ridurre significativamente il numero di veicoli sulle strade, liberando spazio e migliorando il flusso del traffico.

Inoltre, offrendo un'alternativa comoda e accessibile al trasporto individuale, questi sistemi promuovono una cultura della mobilità più sostenibile e collaborativa tra i cittadini delle Smart Cities.

Sicurezza e Governance

Sicurezza e governance sono pilastri fondamentali per il funzionamento efficiente e sostenibile delle Smart Cities.

Soltanto questi aspetti garantiscono la tutela dei cittadini e dei loro diritti, che promuovono anche la trasparenza, la partecipazione dei cittadini e l'efficacia delle politiche urbane.

La sorveglianza e la sicurezza pubblica sono ambiti prioritari per le Smart Cities, che cercano di garantire un ambiente urbano sicuro e protetto per tutti i suoi abitanti.

Sistemi di monitoraggio avanzati sono implementati in tutta la città, come telecamere di sorveglianza, sensori di movimento e analisi video in tempo reale, per rilevare e prevenire attività criminali e incidenti di sicurezza.

L'uso di tecnologie di sorveglianza e monitoraggio può aiutare le autorità a identificare i criminali e a rispondere rapidamente agli eventi di emergenza, aumentando così l'efficacia delle forze di polizia e migliorando la sicurezza pubblica nel suo complesso.

La partecipazione dei cittadini e la governance digitale sono principi chiave delle Smart Cities, che cercano di coinvolgere i cittadini nel processo decisionale e di pianificazione urbana.

Attraverso piattaforme digitali e applicazioni mobili, i residenti possono comunicare problemi, dare suggerimenti e partecipare attivamente allo sviluppo delle loro comunità.

Come evidenziato da Esteves et al. (2017), la governance digitale consente una maggiore trasparenza e responsabilità da parte degli enti locali, rafforzando al tempo stesso il legame tra governo e cittadini, promuovendo una collaborazione più efficace nella gestione urbana.

Trasparenza e dati aperti sono aspetti essenziali della governance nelle Smart Cities, che cercano di promuovere l'accessibilità e lo scambio di informazioni tra tutti gli attori urbani.

Attraverso portali di dati aperti e politiche di trasparenza, le città intelligenti forniscono informazioni su ipotesi, progetti infrastrutturali, dati demografici e altri ambiti di interesse pubblico.

Evidenziato da Janssen et al. (2012), l'apertura dei dati governativi consente una maggiore resa dei conti da parte delle autorità, stimolando al tempo stesso l'innovazione, l'imprenditorialità e lo sviluppo di soluzioni urbane basate sull'evidenza.

Tuttavia, l'implementazione di sistemi di sorveglianza e sicurezza può sollevare problemi etici e di privacy che devono essere attentamente considerati. L'uso diffuso di telecamere di sorveglianza e tecnologie di riconoscimento facciale può generare preoccupazioni sul monitoraggio di massa e sulla violazione della privacy dei cittadini.

Per van Zoonen (2016), è fondamentale trovare un equilibrio tra sicurezza pubblica e rispetto dei diritti individuali, adottando politiche e pratiche che tutelino la privacy e garantiscano la fiducia della popolazione nei sistemi di sorveglianza urbana.

Inoltre, la governance digitale potrebbe dover affrontare sfide legate all'inclusione digitale e alla disparità nell'accesso alla tecnologia tra diversi gruppi sociali.

Non tutti i cittadini hanno pari accesso a Internet e ai dispositivi digitali, il che può creare divisioni ed esclusione all'interno della società urbana.

Secondo Heeks (2017), è essenziale garantire che le iniziative di governance digitale siano inclusive ed eque, promuovendo la partecipazione di tutti i segmenti della popolazione alla vita urbana e ai processi decisionali.

Salute e benessere

La salute e il benessere sono preoccupazioni fondamentali in qualsiasi comunità urbana e le Smart Cities stanno applicando tecnologia e innovazione per migliorare questi aspetti della vita urbana.

I servizi sanitari digitali sono sempre più diffusi nelle città intelligenti e offrono un'ampia gamma di soluzioni per migliorare l'accesso alle cure mediche e la qualità delle cure mediche.

La telemedicina, ad esempio, consente ai pazienti di consultare i medici a distanza, riducendo la necessità di viaggiare e facilitando l'accesso ai servizi sanitari, soprattutto nelle aree in cui le risorse sono limitate.

Secondo l'Organizzazione Mondiale della Sanità (OMS), la telemedicina può essere particolarmente utile per i pazienti affetti da malattie croniche che richiedono un follow-up regolare, consentendo una gestione sanitaria più efficace a lungo termine.

Il monitoraggio ambientale è un altro aspetto importante delle Smart Cities, che cercano di garantire che i loro abitanti respirino aria pulita e godano di ambienti urbani sani. Sensori e dispositivi connessi sono distribuiti in tutta la città per monitorare la qualità dell'aria, i livelli di contaminazione acustica e altri fattori ambientali che influiscono sulla salute pubblica.

Dai dati raccolti, le autorità possono attuare misure per ridurre la contaminazione e proteggere la salute dei cittadini, come politiche di trasporto sostenibili e l'istituzione di aree verdi e parchi urbani.

Promuovere la salute e il benessere è una priorità per le Smart Cities, che riconoscono l'importanza di affrontare esclusivamente le malattie, così come i determinanti della salute.

In tutta la città si stanno realizzando iniziative che promuovono l'esercizio fisico, l'alimentazione sana e il contatto con la natura, con l'obiettivo di creare ambienti che promuovano stili di vita attivi e sani.

Come evidenziato da Crane et al. (2015), investire in spazi pubblici accessibili, ciclismo e programmi di attività fisica può avere un impatto significativo sulla salute e sul benessere delle popolazioni urbane, riducendo il rischio di malattie croniche e migliorando la qualità della vita.

L'implementazione dei servizi sanitari digitali e delle iniziative di promozione della salute può affrontare sfide legate all'accessibilità e all'equità.

Non tutti i cittadini hanno pari accesso alla tecnologia o opportunità di adottare stili di vita sani, il che può esacerbare le disuguaglianze sanitarie esistenti all'interno della società urbana.

È fondamentale che le Smart Cities adottino un approccio inclusivo e olistico alla salute, considerando le esigenze di tutti i segmenti della popolazione e promuovendo l'equità nell'accesso ai servizi sanitari e alle opportunità di benessere.

Esempi e casi di studio

Esaminando casi specifici di città intelligenti, possiamo comprendere meglio come i diversi approcci e soluzioni vengono implementati nei diversi contesti urbani.

Dai quartieri intelligenti di Barcellona alle innovazioni nella mobilità di Singapore, ogni esempio offre una prospettiva unica sul potenziale e sulle sfide delle città intelligenti.

Oltre a evidenziare i successi, esamineremo anche gli ostacoli che queste città devono affrontare, comprese questioni come la privacy, la sicurezza dei dati e l'inclusione digitale.

Imparando dalle esperienze passate, possiamo identificare opportunità per migliorare e adattare le strategie delle Smart City, costruendo così un futuro urbano più sostenibile e inclusivo.

Parte III: Città Pionieristiche e Città intelligenti

Caso di Studio: Barcellona

Barcellona è ampiamente riconosciuta come una delle città pioniere del movimento Smart Cities, che implementa una serie di iniziative innovative per migliorare la qualità della vita dei suoi cittadini e promuovere la sostenibilità urbana.

Una delle iniziative più emblematiche di Barcellona è il programma "Superilles" o "Super Quadras", che trasforma strade e spazi urbani in zone pedonali e spazi verdi.

Segun Batty, et al. (2012), questo approccio mira a ridurre il traffico veicolare, migliorare la qualità dell'aria e creare spazi pubblici più accessibili e vivaci.

Attraverso la riprogettazione urbana, Barcellona dimostra come le infrastrutture possano essere adattate per promuovere uno stile di vita più sano e sostenibile.

Una priorità è anche la rivitalizzazione degli spazi urbani abbandonati. Attraverso programmi e iniziative per rivitalizzare il degrado urbano, la città ha trasformato vecchie aree industriali in vivaci spazi culturali ed economici, come il quartiere di Poblenou (Batty et al., 2012).

Barcellona ha investito in tecnologie intelligenti per migliorare l'efficienza dei servizi urbani e l'esperienza dei cittadini.

Ad esempio, il sistema di illuminazione pubblica intelligente della città utilizza sensori e illuminazione a LED per ottimizzare il consumo energetico e ridurre i costi operativi (Hollands, 2008).

Questa attenzione al suolo contribuisce alla sostenibilità ambientale, che migliora anche la sicurezza nelle strade e negli spazi pubblici.

Un'altra area evidenziata da Barcellona è la governance digitale e la partecipazione civica. Le piattaforme online e le applicazioni mobili possono coinvolgere attivamente i cittadini nel processo decisionale e contribuire allo sviluppo della città (Komninos, 2002).

Questa democrazia e trasparenza rafforzano il legame tra governo e popolazione, promuovendo un governo più efficace e responsabile.

Oltre alle iniziative sopra citate, Barcellona si distingue anche per il suo approccio innovativo alla mobilità urbana. Il sistema di trasporto pubblico della città è ampiamente riconosciuto per la sua efficienza e integrazione.

L'introduzione di Bicing, un sistema di biciclette condivise, e l'espansione della metropolitana e degli autobus elettrici dimostrano l'impegno di Barcellona nel ridurre la congestione e le emissioni di carbonio (Hollands, 2008).

Nel settore sanitario, Barcellona ha implementato sistemi sanitari digitali che consentono ai pazienti di accedere alle informazioni mediche, fissare appuntamenti e ricevere cure a distanza (Komninos, 2002). Pertanto, non fa altro che aumentare l'accesso all'assistenza sanitaria, riducendo anche i costi e migliorando i risultati clinici.

La città catalana, tuttavia, si trova anche ad affrontare sfide importanti per diventare una Smart City pienamente funzionante.

Questioni come la privacy dei dati, l'inclusione digitale e la disuguaglianza socioeconomica rimangono preoccupazioni importanti (Hollands, 2008).

Per garantire che i benefici della digitalizzazione e dell'innovazione siano distribuiti equamente, la città deve adottare politiche e strategie che promuovano l'inclusione e la giustizia sociale.

Un altro punto è che la gentrificazione e l'aumento dei costi immobiliari rappresentano preoccupazioni crescenti che indeboliscono la diversità e l'identità culturale della città (Hollands, 2008).

In definitiva, il caso di Barcellona esemplifica le complessità e le opportunità associate allo sviluppo delle Smart Cities.

Affrontando questioni come la mobilità, la salute, la rivitalizzazione urbana e la disuguaglianza sociale, la città è sulla strada verso un futuro urbano più inclusivo, sostenibile e resiliente.

Caso di Studio: Singapore

Singapore è ampiamente riconosciuta come uno dei principali riferimenti nelle Smart Cities, essendo un esempio di efficienza e innovazione urbana.

La città-stato, nota per la sua gestione efficace e la visione ad ampio raggio, si è distinta nell'implementazione di tecnologie intelligenti per affrontare sfide urbane complesse e migliorare la qualità della vita dei suoi abitanti.

Una delle caratteristiche distintive di Singapore come città intelligente è il suo approccio integrato alle infrastrutture digitali. La città ha investito in modo significativo in una solida infrastruttura IT, comprese reti di comunicazione ad alta velocità e copertura Wi-Fi completa negli spazi pubblici.

Questa connettività diffusa è fondamentale per supportare una gamma di servizi intelligenti, dal trasporto pubblico alle soluzioni sanitarie digitali.

Inoltre, Singapore è leader nell'adozione di tecnologie avanzate, come l'Internet of Things (IoT) e l'Intelligenza Artificiale (AI), per ottimizzare l'efficienza operativa e migliorare l'esperienza dei cittadini.

Ad esempio, la città ha implementato sistemi di trasporto intelligenti che utilizzano sensori per monitorare il traffico in tempo reale e regolare i semafori per ridurre al minimo la congestione.

Queste soluzioni non solo migliorano la mobilità urbana, ma riducono anche le emissioni di carbonio e aumentano l'efficienza energetica.

Un altro aspetto essenziale del modello di città intelligente di Singapore è il suo approccio proattivo alla sostenibilità ambientale.

La città ha investito nell'energia pulita e nell'efficienza energetica, promuovendo l'uso di veicoli elettrici e ampliando le proprie infrastrutture per le energie rinnovabili.

Inoltre, Singapore ha adottato misure per ottimizzare l'uso delle risorse, come acqua ed energia, attraverso sistemi di tracciamento e gestione intelligenti.

Singapore si distingue anche per il suo approccio innovativo alla governance e alla partecipazione civica.

La città ha implementato piattaforme digitali che consentono ai cittadini di interagire con il governo, fornire feedback e partecipare attivamente al processo decisionale.

In questo contesto, la trasparenza e l'impegno rafforzano la fiducia tra governo e popolazione e promuovono un governo più responsabile e ricettivo.

Smart Cities - L'intelligenza Urbana di Domani

Tuttavia, Singapore si trova ad affrontare delle sfide nel proseguire il suo percorso verso la piena realizzazione del concetto di città intelligente.

Preoccupazioni come la privacy dei dati, la sicurezza informatica e l'inclusione digitale sono preoccupazioni crescenti che richiedono un'attenzione continua. Inoltre, la città è costantemente alla ricerca di modi per bilanciare lo sviluppo urbano con la preservazione dell'identità culturale e il benessere dei suoi cittadini.

In breve, il caso di Singapore illustra i benefici tangibili e le complesse sfide associate alla trasformazione di una Smart City.

Adottando un approccio olistico che integra tecnologia, sostenibilità e partecipazione dei cittadini, Singapore continua a plasmare il futuro dell'urbanistica globale e funge da modello ispiratore per altre città in tutto il mondo.

Caso di Studio: Amsterdam

Amsterdam è un esempio stimolante di come una città possa integrare tecnologia, sostenibilità e qualità della vita per diventare una città intelligente leader. Con una lunga storia di innovazione e una cultura del progresso, Amsterdam ha adottato una serie di iniziative intelligenti per affrontare le sfide urbane e promuovere il benessere dei suoi abitanti.

Uno degli aspetti più notevoli del modello Smart City di Amsterdam è il suo approccio alla mobilità urbana. La città è nota per le sue estese piste ciclabili e per promuovere l'uso delle biciclette come mezzo di trasporto sostenibile.

Secondo i dati di Schwanen e Dijst (2004), circa il 60% degli spostamenti giornalieri ad Amsterdam vengono effettuati in bicicletta.

La città ha anche investito in infrastrutture per veicoli elettrici e sistemi efficienti di trasporto pubblico, riducendo significativamente la dipendenza dalle auto private e le emissioni di carbonio.

Un altro aspetto chiave del successo di Amsterdam come città intelligente è il suo approccio innovativo alla gestione dell'energia e delle risorse. La città ha implementato una serie di misure per promuovere l'efficienza energetica e l'adozione di energie rinnovabili.

Ad esempio, Amsterdam ha un programma ambizioso per modernizzare i vecchi edifici per renderli più sostenibili ed efficienti dal punto di vista energetico (Fonseca et al., 2012). Inoltre, la città sta investendo in progetti di energia solare ed eolica, con l'obiettivo di diventare carbon neutral entro il 2050.

Amsterdam si distingue anche per il suo approccio alla governance e all'innovazione incentrato sui cittadini. La città ha adottato un approccio collaborativo allo sviluppo delle politiche pubbliche, coinvolgendo attivamente i cittadini nei processi di consultazione e decisione.

Sono stato un pioniere nell'aprire i dati del governo e nel consentire ai cittadini di accedere e utilizzare le informazioni per creare soluzioni innovative alle sfide urbane (Van Winden et al., 2014). Questa cultura della trasparenza e della partecipazione dei cittadini rafforza il legame tra governo e popolazione e promuove un governo più responsabile e inclusivo.

Ad Amsterdam l'innovazione non si limita al solo aspetto tecnico, ma si estende anche al modo in cui la città promuove una cultura di sostenibilità e inclusione. Una delle caratteristiche più sorprendenti è il riutilizzo adattivo degli spazi urbani.

I vecchi magazzini e le fabbriche saranno trasformati in spazi culturali, laboratori condivisi e luoghi per eventi, rivitalizzando aree precedentemente sottoutilizzate e promuovendo un'economia creativa e dinamica (Gospodini, 2002).

La capitale olandese è in prima linea nell'integrazione della tecnologia per migliorare la qualità della vita dei suoi cittadini. L'uso di sensori e sistemi di monitoraggio intelligenti consente alla città di raccogliere dati in tempo reale su traffico, contaminazione dell'aria e qualità dell'acqua, tra gli altri aspetti.

Queste informazioni sono fondamentali per prendere decisioni basate sull'evidenza e sviluppare politiche pubbliche efficaci (Komninos, 2008).

Un altro aspetto degno di nota è l'impegno di Amsterdam per la resilienza urbana. La città riconosce le sfide poste dal cambiamento climatico e sta implementando misure per adattarsi e mitigarne gli impatti.

I progetti di infrastrutture verdi, come la creazione di parchi urbani e l'installazione di tetti verdi, aiutano a ridurre il rischio di inondazioni e a migliorare la qualità dell'aria, fornendo al contempo spazi ricreativi e di svago per i residenti (Tomaszewski, 2014).

Nonostante i suoi successi, Amsterdam continua ad affrontare ostacoli nel suo percorso per diventare una città intelligente pienamente funzionante.

La mancanza di standard di interoperabilità e la frammentazione delle soluzioni tecnologiche sono sfide persistenti che ostacolano l'integrazione e la scalabilità dei progetti innovativi (Hollands, 2008).

Inoltre, la città deve affrontare preoccupazioni quali l'accesso equo alla tecnologia e la protezione della privacy dei dati per garantire che tutti i cittadini traggano vantaggio dal progresso tecnologico.

In conclusione, Amsterdam è un esempio stimolante di come una città possa adottare un approccio olistico e integrato per affrontare le sfide urbane del 21° secolo.

Combinando innovazione tecnologica, sostenibilità ambientale e inclusione sociale, Amsterdam continua a distinguersi come una delle città intelligenti più progressiste al mondo, plasmando il futuro dell'urbanistica globale.

Progetti e Iniziative in Sviluppo

Progetti nelle Città Emergenti

Per comprendere appieno il panorama delle città intelligenti, è essenziale esaminare le metropoli consolidate sul campo, così come le città emergenti che stanno iniziando ad adottare tecnologie intelligenti e soluzioni innovative per affrontare le loro sfide urbane.

Nelle città emergenti, i progetti e le iniziative in fase di sviluppo riflettono rapidamente un approccio adattivo e contestualizzato, modellato sulle esigenze e sulle risorse specifiche di ciascun luogo.

Un notevole esempio di progetto in una città emergente è il programma di trasporto pubblico intelligente a Medellín, in Colombia. Nota per la sua storia di violenza urbana e disuguaglianza socioeconomica, Medellín ha implementato un sistema di trasporto innovativo, che comprende autobus, funivie e scale meccaniche pubbliche, per collegare i quartieri marginali con le aree centrali della città (Restrepo, 2014).

La sola città colombiana ha migliorato l'accessibilità e la mobilità dei suoi residenti, contribuendo anche alla rivitalizzazione economica e sociale di aree storicamente abbandonate.

Un altro esempio è il progetto di energia rinnovabile a Bangalore, in India. Essendo una delle città più densamente popolate e contaminate del mondo, Bangalore deve affrontare sfide importanti in termini di qualità dell'aria e accesso all'energia pulita.

Per affrontare questi problemi, la città sta implementando iniziative di energia solare su larga scala, inclusa l'installazione di pannelli solari negli edifici pubblici e residenziali (Sudhira, et al., 2007).

Questa transizione verso fonti di energia rinnovabile nel suolo ridurrà la dipendenza dai combustibili fossili, il che aiuterà anche a mitigare gli impatti dei cambiamenti climatici e a promuovere la sostenibilità urbana per un lungo periodo di tempo.

Possiamo menzionare che diverse città emergenti stanno esplorando soluzioni innovative per affrontare sfide specifiche, come la gestione dei rifiuti, l'accesso all'acqua potabile e la sicurezza pubblica.

Ad esempio, Lagos, in Nigeria, sta implementando sistemi intelligenti di raccolta dei rifiuti che utilizzano sensori per monitorare lo stato dei contenitori dei rifiuti e ottimizzare i percorsi di raccolta (Oyebisi et al., 2018). Questo da solo migliora l'efficienza della raccolta dei rifiuti, riducendo al tempo stesso i rifiuti e promuovendo una gestione più sostenibile delle risorse.

Tuttavia, nonostante il potenziale promettente di questi progetti e iniziative, le città emergenti devono affrontare sfide importanti nel loro percorso verso l'intelligenza urbana. Questioni come il finanziamento, lo sviluppo delle capacità tecniche e il coordinamento interistituzionale spesso rappresentano ostacoli al successo dell'attuazione di progetti innovativi (Huang et al., 2017).

La rapida urbanizzazione e la crescita demografica possono sopraffare le infrastrutture esistenti, aumentando la pressione sui servizi urbani ed esacerbando le disuguaglianze socioeconomiche.

Iniziative Regionali e Internazionali

Le città intelligenti non sono solo un fenomeno localizzato; Ha anche implicazioni a livello regionale e internazionale. Le iniziative regionali e internazionali svolgono un ruolo cruciale nella condivisione della conoscenza, nella collaborazione tra le città e nella promozione di norme e linee guida comunitarie per uno sviluppo urbano intelligente.

Un esempio di iniziativa regionale è l'Unione Europea, che ha lanciato il programma Horizon 2020 per finanziare progetti di ricerca e innovazione in settori quali energia, trasporti e ICT (tecnologie dell'informazione e della comunicazione) volti allo sviluppo di città intelligenti (Caragliu et al., 2011).

In questo senso, facilita le città europee a condividere buone pratiche, sviluppare soluzioni congiunte e trarre reciproco vantaggio dalla conoscenza e dall'esperienza collettiva.

Le organizzazioni internazionali, come le Nazioni Unite, svolgono un ruolo chiave nel promuovere l'agenda delle Smart Cities su scala globale.

In iniziative come l'Agenda 2030 per lo sviluppo sostenibile, le Nazioni Unite coinvolgono i paesi nell'adozione di approcci integrati per affrontare le sfide urbane e promuovere la sostenibilità (Nazioni Unite, 2015). Ciò include la promozione di città inclusive, sicure, resilienti e sostenibili in tutto il mondo.

Un altro esempio è il Global Smart Cities Network (GSCN), una piattaforma che facilita la collaborazione tra città, aziende, istituzioni accademiche e organizzazioni governative per promuovere lo sviluppo delle città intelligenti a livello internazionale (Ahvenniemi et al., 2017).

Questa rete consente alle città di condividere conoscenze, esperienze e risorse, oltre a promuovere alleanze strategiche per l'attuazione di progetti comuni.

Nonostante i potenziali benefici delle iniziative regionali e internazionali, ci sono anche importanti sfide da superare. Questioni come le differenze culturali, politiche ed economiche possono ostacolare la collaborazione e la cooperazione tra città in diverse regioni del mondo (Komninos et al., 2014).

Quando si tratta di linee guida e standard globali per lo sviluppo urbano intelligente possono sorgere questioni di sovranità e autonomia delle città.

Collaborazioni Pubblico-Privato

Le collaborazioni pubblico-privato svolgono un ruolo chiave nello sviluppo e nell'attuazione di progetti Smart City, sfruttando risorse ed esperienza di entrambi i settori per promuovere l'innovazione e l'efficienza urbana.

Sono essenziali per superare le sfide finanziarie, tecniche e normative associate allo sviluppo di infrastrutture e servizi urbani intelligenti.

Un notevole esempio di collaborazione pubblico-privato è il programma "Sidewalk Toronto", un'associazione tra Sidewalk Labs (una filiale di Alphabet Inc.) e la città di Toronto, Canada.

Questo progetto mira a trasformare una zona industriale sottoutilizzata in una comunità urbana intelligente e sostenibile, incorporando tecnologie innovative per migliorare la qualità della vita di residenti e visitatori (Albino et al., 2015). Attraverso questa associazione, il settore privato apporta la propria esperienza in tecnologia e innovazione, mentre il settore pubblico apporta la propria comprensione delle esigenze locali e capacità normativa.

Un altro esempio è il programma "Chicago Array of Things", una collaborazione tra la città di Chicago e diverse istituzioni accademiche e aziende private. Il progetto prevede l'installazione di sensori nei fari di tutta la città per raccogliere dati in tempo reale sull'ambiente urbano, compresa la qualità dell'aria, il rumore e la temperatura (Albino et al., 2015). Luego, questi dati vengono resi disponibili al pubblico e utilizzati per informare le politiche e le decisioni urbane.

Anche le associazioni pubblico-private svolgono un ruolo importante nel finanziamento dei progetti di città intelligenti.

Le aziende private possono investire in infrastrutture e servizi urbani in cambio di opportunità commerciali e vantaggi finanziari. Ad esempio, le aziende tecnologiche possono fornire attrezzature e soluzioni tecnologiche in cambio di contratti a lungo termine per il funzionamento e la manutenzione di questi sistemi (Albino et al., 2015). Di conseguenza, le città implementano soluzioni innovative senza sostenere costi di capitale significativi.

Anche le alleanze pubblico-privato presentano sfide, come questioni relative alla proprietà dei dati e alla privacy, all'equità nell'accesso ai servizi urbani e alla trasparenza nel processo decisionale (Albino et al., 2015).

È essenziale che queste associazioni siano strutturate in modo da garantire la tutela degli interessi pubblici e l'equa distribuzione dei benefici tra tutti i membri della comunità.

In breve, le collaborazioni pubblico-privato sono essenziali per promuovere l'innovazione e l'efficienza nelle Smart Cities, sfruttando le risorse e l'esperienza di entrambi i settori.

Tuttavia, è importante che queste associazioni siano attentamente pianificate e realizzate per garantire che gli interessi pubblici siano tutelati e che i benefici siano condivisi in modo giusto ed equo.

Parte IV: Sfide e Futuro delle Città Intelligenti

Nella incessante ricerca di soluzioni innovative e sostenibili alle sfide urbane, le Smart Cities sono emerse come una promessa per il futuro, offrendo la promessa di città più efficienti, connesse e abitabili.

Mentre avanziamo in un'era sempre più digitalizzata e interconnessa, emergono una serie di sfide che devono essere affrontate per garantire che questo futuro sia veramente inclusivo e sostenibile.

La parte IV di questo libro si propone di esplorare queste sfide e riflettere su cosa le attende nelle Smart Cities.

Le sfide che le Smart Cities devono affrontare sono molteplici e coprono una varietà di ambiti, dalla protezione dei dati e la sicurezza informatica alle questioni di equità e inclusione sociale.

La rapida urbanizzazione e la crescita demografica nelle città esercitano un'ulteriore pressione sulle risorse urbane, che richiedono soluzioni innovative per garantire un accesso equo ai servizi di base come i trasporti, l'assistenza medica e l'alloggio.

Con una dipendenza sempre maggiore dalla tecnologia e dalla connettività digitale, le città sono esposte a nuove minacce come attacchi informatici e violazioni della privacy.

Pertanto, la protezione dei dati e la sicurezza informatica diventano preoccupazioni cruciali nell'era delle città intelligenti, che richiedono misure solide per garantire l'integrità e la riservatezza delle informazioni personali dei cittadini.

Allo stesso tempo, le città intelligenti devono affrontare la sfida di garantire che la tecnologia venga utilizzata come strumento per promuovere l'inclusione sociale e ridurre le disparità esistenti.

Smart Cities - L'intelligenza Urbana di Domani

L'esclusione digitale e la mancanza di un accesso equo alla tecnologia possono peggiorare le disuguaglianze esistenti, creando una divisione tra coloro che hanno accesso ai benefici delle città intelligenti e coloro che non lo fanno.

Infine, mentre ci muoviamo verso il futuro, è essenziale considerare come le città intelligenti possano evolversi per affrontare le sfide emergenti come il cambiamento climatico, l'invecchiamento della popolazione e le pandemie globali.

L'adattamento e la resilienza saranno fondamentali per garantire che le città future possano affrontare queste sfide in modo efficace e sostenibile.

In questa sezione del libro esploreremo queste domande ed esamineremo le tendenze e le strategie che hanno plasmato il futuro delle città intelligenti.

Sfide Tecnologiche e Sociali

Superare le sfide tecnologiche e sociali nelle città intelligenti richiede un approccio olistico che affronti sia le barriere tecnologiche che i problemi sociali sottostanti.

Come notato da Mitchell et al. (2017), il successo dell'implementazione delle tecnologie nelle aree urbane richiede una solida infrastruttura sul territorio, nonché una profonda comprensione dei bisogni dei cittadini e dei contesti sociali.

Le barriere tecnologiche possono manifestarsi in diversi modi, dalla mancanza di infrastrutture di connettività alla scarsità di competenze tecniche necessarie per implementare e mantenere sistemi complessi.

Come affermato da Caragliu et al. (2009), le disparità nelle infrastrutture digitali tra diverse aree urbane possono creare divisioni significative, ostacolando un accesso equo ai benefici delle città intelligenti.

Oltre alle barriere tecnologiche, le preoccupazioni relative alla privacy e alla sicurezza dei dati rappresentano una sfida fondamentale per lo sviluppo delle Smart Cities.

Come sottolineano Ratti e Townsend (2011), la massiccia raccolta di dati nelle città può generare preoccupazioni etiche e legali sulla privacy dei cittadini, che richiedono solide misure di protezione dei dati e trasparenza.

L'inclusione digitale e la disuguaglianza rappresentano un'altra serie di sfide sociali che devono essere affrontate.

Come evidenziato da Graham et al. (2015), un accesso ineguale alla tecnologia può peggiorare le disparità esistenti, emarginando i gruppi vulnerabili ed escludendo coloro che non hanno accesso alle infrastrutture digitali necessarie per partecipare pienamente alla vita urbana.

Per affrontare queste sfide, è essenziale adottare un approccio inclusivo e partecipativo che coinvolga tutti i segmenti della società nella progettazione e implementazione di soluzioni tecnologiche.

Le città intelligenti devono essere costruite per i cittadini, garantendo che le tecnologie soddisfino le loro esigenze e preoccupazioni.

Lo sviluppo delle capacità digitali e lo sviluppo delle competenze sono componenti essenziali per promuovere l'inclusione digitale e ridurre le disuguaglianze.

Come notato da Hollands (2008), i programmi di educazione e formazione digitale possono aiutare a fornire ai cittadini le competenze necessarie per sfruttare al massimo le opportunità offerte dalle città intelligenti.

È fondamentale adottare politiche e regolamenti che tutelino i diritti dei cittadini, la privacy e la sicurezza dei dati. Gli approcci incentrati sul cittadino e la trasparenza possono contribuire a generare fiducia da parte del pubblico nelle iniziative delle città intelligenti e garantire l'uso etico e responsabile della tecnologia.

Pur svolgendo un ruolo fondamentale nel superare le sfide tecnologiche e sociali, la collaborazione tra il settore pubblico e privato e la società civile è un punto critico.

Come evidenziato da Caragliu et al. (2009), le associazioni collaborative possono catalizzare l'innovazione e promuovere l'inclusione, consentendo alle diverse parti interessate di contribuire con le proprie prospettive e risorse.

Inoltre, è importante adottare un approccio sensibile al contesto, riconoscendo che le soluzioni tecnologiche possono avere impatti diversi su comunità e gruppi sociali diversi.

Come hanno osservato Ratti e Townsend (2011), le città intelligenti devono adattarsi alle esigenze locali e culturali, garantendo che le tecnologie siano accessibili e utili per tutti.

Anche l'istruzione e la sensibilizzazione del pubblico svolgono un ruolo cruciale nel promuovere l'inclusione digitale e mitigare le disuguaglianze. Le campagne di sensibilizzazione e i programmi di alfabetizzazione digitale possono aiutare i cittadini a sfruttare al meglio le opportunità offerte dalle città intelligenti.

In definitiva, superare le sfide tecnologiche e sociali richiede un approccio collaborativo e incentrato sul cittadino che affronti le esigenze e le preoccupazioni di tutti i segmenti della società.

Come evidenziato da Mitchell et al. (2017), le città intelligenti avranno un vero successo solo se saranno inclusive, eque e sensibili al contesto.

Politiche Pubbliche e Regolamentazione

Le politiche pubbliche svolgono un ruolo fondamentale nello sviluppo e nella regolamentazione delle Smart Cities, modellando l'ambiente in modo che le iniziative di urbanizzazione intelligente possano prosperare.

Come affermato da Caragliu, Del Bo e Nijkamp (2009), le politiche di incentivazione, come sussidi e incentivi fiscali, possono stimolare gli investimenti privati nelle infrastrutture tecnologiche e nell'innovazione urbana.

Più che gli incentivi finanziari, le politiche di regolamentazione svolgono un ruolo cruciale nel garantire la sicurezza, la privacy e l'interoperabilità delle tecnologie utilizzate nelle Smart Cities.

Per Mitchell, Bulkeley e Wachsmuth (2017), norme chiare e trasparenti possono promuovere la fiducia del pubblico e attrarre investimenti per progetti di urbanizzazione intelligente.

La standardizzazione e l'armonizzazione degli standard internazionali sono essenziali per garantire l'interoperabilità e la compatibilità tra i sistemi e le tecnologie utilizzate nelle diverse Smart Cities nel mondo.

Pertanto, la mancanza di standardizzazione può creare ostacoli significativi alla cooperazione e allo scambio di dati tra le città, limitando il potenziale di innovazione e collaborazione.

Il ruolo dei governi, sia a livello locale che nazionale, è fondamentale nella formulazione e attuazione delle politiche che guidano lo sviluppo delle Smart Cities.

Karvonen e van Heur (2014) sottolineano che i governi svolgono un ruolo di leadership nella definizione degli obiettivi e delle priorità per l'urbanizzazione intelligente, nonché nel coordinamento degli sforzi tra le diverse parti interessate.

Le organizzazioni internazionali svolgono un ruolo importante nel promuovere la cooperazione e la collaborazione tra le Smart Cities in tutto il mondo.

Hollands (2008) afferma che organizzazioni come le Nazioni Unite e l'Unione Europea svolgono un ruolo cruciale quando si tratta di articolare politiche e facilitare lo scambio di buone pratiche tra le città.

Ci sono anche sfide riguardanti lo sviluppo di politiche pubbliche efficaci per le Smart Cities, come la rapida evoluzione delle tecnologie e delle pratiche urbane che possono facilmente superare la capacità dei governi di monitorare e regolare questi cambiamenti, che richiede approcci flessibili e adattabili.

La complessità e l'interdipendenza dei sistemi urbani rappresentano anche una sfida per la formulazione di politiche efficaci.

Evidenziato da Mitchell et al. (2017), le città intelligenti sono sistemi complessi e dinamici, in cui i cambiamenti in un'area possono avere effetti imprevisti in altre, il che richiede un approccio integrato e olistico alla formulazione delle politiche.

Le politiche pubbliche per le Smart Cities devono affrontare esclusivamente le preoccupazioni tecniche ed economiche, nonché le preoccupazioni sociali ed etiche associate alla digitalizzazione e all'urbanizzazione intelligente.

Hollands (2008) afferma che le politiche che promuovono l'equità, la trasparenza e la partecipazione dei cittadini sono fondamentali per garantire che i benefici delle Smart Cities siano distribuiti in modo giusto ed equo.

Come accennato in precedenza, la collaborazione tra governi, aziende, organizzazioni della società civile e comunità locali è essenziale per lo sviluppo e l'attuazione di politiche pubbliche efficaci per le Smart Cities.

La partecipazione di più attori può contribuire a garantire che le politiche siano sensibili ai bisogni e ai contesti locali, promuovendo l'inclusione e la partecipazione dei cittadini.

In definitiva, le politiche devono essere sufficientemente flessibili per adattarsi ai cambiamenti tecnologici e sociali in continua evoluzione, garantendo allo stesso tempo che siano preservati i valori fondamentali di equità, sostenibilità e democrazia.

Innovazioni Tecnologiche Emergenti

Le tendenze future nelle Smart Cities puntano all'integrazione delle innovazioni tecnologiche emergenti che cambieranno in modo significativo il panorama urbano nei prossimi decenni.

Tra queste innovazioni spiccano i progressi nell'intelligenza artificiale (AI), nell'informatica quantistica, nel 5G e nell'Internet delle cose (IoT) (Albino, Berardi e Dangelico, 2015).

Si tratta di tecnologie che hanno il potenziale per trasformare radicalmente il modo in cui le città operano e offrono servizi ai propri abitanti.

L'intelligenza artificiale, ad esempio, promette di rivoluzionare il modo in cui vengono gestiti i sistemi urbani, consentendo un processo decisionale più rapido e accurato in una varietà di settori, come i trasporti, la sicurezza e la salute

(Caragliu, Del Bo e Nijkamp, 2009). . Algoritmi di apprendimento automatico e analisi predittive saranno sempre più utilizzati per ottimizzare il funzionamento delle città e anticipare le richieste future.

Lo sviluppo del 5G avrà anche un impatto significativo sul futuro delle Smart Cities, consentendo una connettività ultraveloce e affidabile che consente una serie di applicazioni innovative, come i veicoli autonomi, la realtà aumentata e l'Internet delle cose su larga scala (Mitchell, Bulkeley , e Wachsmuth, 2017).

Questa infrastruttura di comunicazione avanzata sarà essenziale per supportare il crescente numero di dispositivi connessi negli ambienti urbani.

Un'altra innovazione, l'Internet delle cose (IoT), a sua volta, continuerà a svolgere un ruolo centrale nello sviluppo delle Smart Cities, consentendo l'interconnessione di oggetti fisici e sistemi digitali per raccogliere dati in tempo reale e automatizzare i processi (Hollands, 2008).). I sensori intelligenti integrati nelle infrastrutture urbane forniranno una visione dettagliata dell'ambiente urbano, consentendo una gestione più efficiente delle risorse e dei servizi.

Si prevede inoltre che l'informatica quantistica aprirà nuove frontiere nell'elaborazione dei dati e nella risoluzione di problemi complessi, fornendo progressi significativi in settori quali la sicurezza informatica, la logistica urbana e la modellazione dei sistemi urbani (Komninos, 2002).

Sebbene sia ancora nelle prime fasi di sviluppo, questa tecnologia ha il potenziale per rivoluzionare radicalmente il modo in cui le città vengono pianificate e gestite.

Tuttavia, con l'emergere di queste innovazioni tecnologiche, emergono anche sfide importanti in termini di sicurezza, privacy e inclusione digitale (Townsend, 2013).

È essenziale che i progressi tecnologici siano accompagnati da politiche e regolamenti adeguati per garantire che i benefici delle città intelligenti siano condivisi equamente e che i diritti dei cittadini siano tutelati.

Prospettive per i Prossimi Decenni

Le prospettive per i prossimi decenni indicano una crescita esponenziale nello sviluppo e nell'adozione delle Smart Cities in tutto il mondo (Caragliu, Del Bo, & Nijkamp, 2009).

Con un'urbanizzazione a ritmo sostenuto e sfide urbane sempre più complesse, si prevede che le città continueranno a cercare soluzioni innovative per migliorare la qualità della vita dei loro abitanti.

Una delle principali tendenze previste è l'espansione della connettività e della digitalizzazione in tutte le sfere della vita urbana (Albino, Berardi e Dangelico, 2015).

Man mano che sempre più dispositivi e infrastrutture si connetteranno a Internet, le città diventeranno più intelligenti ed efficienti nella fornitura di servizi pubblici, dai trasporti alla gestione dei rifiuti.

Nel frattempo, la crescente consapevolezza delle preoccupazioni ambientali e l'urgenza di affrontare le sfide del cambiamento climatico hanno anche promosso iniziative di sostenibilità nelle città (Mitchell, Bulkeley e Wachsmuth, 2017).

Ci si aspetta che le città intelligenti adottino pratiche più rispettose dell'ambiente e promuovano l'uso di energie rinnovabili, trasporti pubblici sostenibili ed edifici ecologici.

È probabile che nei prossimi decenni si verificherà una maggiore collaborazione tra città, governi, aziende e istituti di ricerca nella ricerca di soluzioni innovative (Townsend, 2013).

Le iniziative di cooperazione internazionale e lo scambio di migliori pratiche saranno essenziali per affrontare sfide globali come l'urbanizzazione disordinata, la disuguaglianza socioeconomica e il cambiamento climatico.

La tecnologia continuerà ad evolversi rapidamente e a sviluppare nuovi strumenti e applicazioni per risolvere specifici problemi urbani (Hollands, 2008). Dai sistemi di trasporto autonomi alle città completamente connesse, le possibilità sono ampie e promettenti per il futuro delle Smart Cities.

Tuttavia, è importante riconoscere che il futuro delle città intelligenti non sarà omogeneo e che diverse regioni e paesi dovranno affrontare sfide uniche nel percorso verso l'urbanizzazione intelligente (Komninos, 2002).

Adattare le soluzioni tecnologiche alle esigenze locali e garantire un approccio inclusivo e partecipativo saranno aspetti cruciali per il successo delle Smart Cities nei prossimi decenni.

Scenari Futuri e Previsioni.

Gli scenari futuri delle Smart Cities sono vasti e complessi, riflettendo le interazioni dinamiche tra tecnologia, società e ambiente (Caragliu, Del Bo, & Nijkamp, 2009).

I diversi progetti e previsioni suggeriscono un'ampia gamma di possibilità, da città altamente automatizzate a modelli più incentrati sui bisogni umani e sulla sostenibilità.

Una delle previsioni più comuni è la proliferazione dell'intelligenza artificiale e dei sistemi di automazione in tutti gli aspetti della vita urbana (Albino, Berardi, Dangelico, 2015).

Ci si aspetta che algoritmi avanzati e analisi dei dati in tempo reale ottimizzino la gestione delle risorse, migliorino l'efficienza dei servizi urbani e forniscano informazioni preziose per il processo decisionale.

Un altro scenario possibile è la trasformazione radicale della mobilità urbana, con l'avvento di veicoli autonomi, droni per le consegne e sistemi di trasporto pubblico completamente integrati (Mitchell, Bulkeley e Wachsmuth, 2017).

Si tratta di innovazioni che potrebbero ridurre la congestione, gli incidenti stradali e le emissioni di carbonio, rendendo le città più sicure e sostenibili.

Tuttavia, alcuni esperti mettono in guardia sulle sfide etiche e sociali associate a queste trasformazioni tecnologiche, comprese le preoccupazioni sulla privacy, sulla disuguaglianza digitale e sulla perdita di posti di lavoro.

È fondamentale considerare gli impatti umani e sociali delle tecnologie emergenti e garantire che siano sviluppate e implementate in modo etico ed equo.

Inoltre, le previsioni per le Smart Cities includono anche la considerazione degli effetti del cambiamento climatico e dell'urbanizzazione disordinata (Hollands, 2008).

Ci si aspetta che le città adottino strategie più resilienti e adattive per affrontare eventi climatici estremi come inondazioni e ondate di caldo, cercando al tempo stesso di ridurre la propria impronta di carbonio e promuovere pratiche di sviluppo sostenibile.

Pertanto, gli scenari futuri delle Smart Cities sono plasmati da una complessa interazione di fattori tecnologici, sociali, economici e ambientali.

Prevedere con precisione come si evolveranno le città nei prossimi decenni è una sfida, ma è chiaro che l'innovazione e l'adattamento continui saranno fondamentali per affrontare le sfide e cogliere le opportunità del futuro urbano.

Riepilogo dei Punti Principali

Mentre riassumiamo i punti principali trattati in questo libro sulle Smart Cities, è essenziale passare in rassegna le aree chiave che abbiamo esplorato durante questo affascinante viaggio attraverso l'urbanizzazione del futuro.

Iniziamo il nostro tour definendo il concetto di Smart Cities, evidenziandone l'importanza di fronte alle sfide urbane contemporanee. Discutiamo dell'evoluzione storica di questo movimento e della sua crescente rilevanza in un mondo sempre più urbanizzato.

Esploriamo le basi delle Smart Cities, approfondendo tecnologie come Internet of Things (IoT), Big Data e Intelligenza Artificiale (AI), che guidano l'infrastruttura intelligente di queste città. Analizziamo inoltre l'importanza della connettività, dei data center e del cloud computing per supportare queste innovazioni.

Nell'esaminare l'energia e la sostenibilità, evidenziamo il ruolo delle reti intelligenti, dell'energia rinnovabile e della gestione efficiente delle risorse nella costruzione di città più sostenibili e resilienti.

In termini di trasporti e mobilità, esploriamo soluzioni come il trasporto pubblico intelligente, i veicoli autonomi e i sistemi di auto condivise, che mirano a ridurre la congestione e migliorare l'efficienza degli spostamenti urbani.

Affrontiamo anche l'importanza della sicurezza e della governance, evidenziando la necessità di un monitoraggio efficace e della sicurezza pubblica, nonché della partecipazione dei cittadini e della trasparenza nella governance della città digitale.

Nel campo della salute e del benessere si discute del ruolo dei servizi sanitari digitali, del monitoraggio ambientale e delle iniziative per promuovere la qualità della vita nella costruzione di ambienti urbani più sani.

Esploriamo casi di studio stimolanti come quelli di Barcellona, Singapore e Amsterdam per illustrare come le innovazioni stanno trasformando la vita urbana in tutto il mondo.

Affrontiamo anche le sfide e le opportunità delle Smart Cities, dalle preoccupazioni tecnologiche e sociali alle politiche pubbliche e alla regolamentazione, delineando un percorso verso uno sviluppo urbano più inclusivo ed equo.

Infine, riassumiamo le nostre intuizioni e riflessioni, sottolineando l'importanza di un impegno continuo per l'innovazione, la sostenibilità e la giustizia sociale nella costruzione delle città future.

Riassumendo questi punti essenziali, riaffermiamo la nostra convinzione che le Smart Cities rappresentino non solo un ideale da raggiungere, ma anche un appello all'azione per trasformare le nostre città in luoghi più intelligenti, più sostenibili e più umani.

L'impatto delle città intelligenti sulla vita urbana è profondo e di ampia portata e influenza diversi aspetti che modellano l'esperienza delle persone nelle città.

Adottando tecnologie innovative e promuovendo pratiche sostenibili, le città intelligenti stanno ridefinendo il modo in cui viviamo, lavoriamo e interagiamo all'interno dei centri urbani.

Le Smart Cities cercano di soddisfare le esigenze dei cittadini in modo più efficiente e conveniente.

Implementando sistemi di trasporto pubblico intelligenti, servizi sanitari digitali e spazi urbani pensati per promuovere il benessere, queste città migliorano la qualità della vita dei loro abitanti.

L'adozione di tecnologie come l'Internet of Things (IoT), i Big Data e l'Intelligenza Artificiale (AI) consente una gestione più efficiente delle risorse urbane. Ciò si traduce in servizi pubblici più agili e reattivi, come la raccolta ottimizzata dei rifiuti, l'illuminazione pubblica intelligente e il monitoraggio ambientale in tempo reale.

Le città intelligenti danno priorità al trasporto pubblico intelligente, ai veicoli elettrici e alle soluzioni di utilizzo condiviso della bicicletta per ridurre la congestione, le emissioni di carbonio e l'inquinamento atmosferico.

Sistemi di monitoraggio avanzati, come telecamere di sorveglianza e analisi dei dati in tempo reale, aumentano la sicurezza nelle strade e negli spazi pubblici. La tecnologia aiuta inoltre le autorità a rispondere rapidamente alle emergenze e a prevenire i crimini.

Promuovere una maggiore partecipazione dei cittadini al processo decisionale attraverso piattaforme digitali e applicazioni mobili rafforza la democrazia locale e crea un senso di appartenenza alla comunità.

Attirando investimenti nella tecnologia e promuovendo un ambiente favorevole all'innovazione, le città intelligenti stimolano la crescita economica e la creazione di posti di lavoro. Aziende emergenti e tecnologiche trovano in queste città terreno fertile per sviluppare e sperimentare soluzioni innovative.

Le città del futuro sono meglio preparate ad affrontare sfide come il cambiamento climatico, le crisi sanitarie pubbliche e i fenomeni estremi. Le infrastrutture intelligenti e i sistemi di allarme rapido consentono una risposta più efficace alle situazioni di emergenza.

Se affrontano sfide legate all'inclusione digitale e all'equità nell'accesso ai servizi, le città intelligenti hanno il potenziale per ridurre le disparità socioeconomiche.

Promuovendo una distribuzione più equa delle risorse e dei servizi, queste città possono migliorare la qualità della vita di tutti i segmenti della popolazione.

Visione per il Futuro

Quando si contempla il futuro delle città intelligenti, è essenziale considerare le opinioni di esperti e accademici che hanno esplorato questo campo in dettaglio.

Autori come Anthony M. Townsend, nel suo libro "Smart Cities: Big Data, Civic Hackers, and the Quest for a New Utopia", offrono preziose informazioni su cosa possiamo aspettarci dalle città intelligenti nei prossimi decenni.

Townsend sostiene che le città del futuro saranno determinate da un'intersezione sempre maggiore tra tecnologia, dati e partecipazione civica.

Visualizza uno scenario in cui le città diventeranno veramente "intelligenti" poiché adotteranno approcci più inclusivi e collaborativi per risolvere le sfide urbane.

Inoltre, autori come Carlo Ratti e Matthew Claudel, in "La città del mattino: sensori, reti, hacker e il futuro della vita urbana", offrono uno sguardo provocatorio su come potrebbe essere il futuro delle città intelligenti.

Evidenziando l'importanza della connettività e dell'adattabilità nella costruzione di città che possano adattarsi dinamicamente alle mutevoli esigenze e richieste dei loro abitanti.

Ratti e Claudel sostengono che le future città intelligenti saranno caratterizzate da una "intelligenza distribuita" in cui i sistemi urbani comunicano e interagiscono autonomamente per ottimizzare la vita urbana.

Nelle sue riflessioni sul futuro delle città intelligenti, Susan Parnell, autrice di "The Routledge Handbook on Cities of the Global South", sottolinea l'importanza di affrontare le questioni della disuguaglianza e dell'esclusione sociale nella ricerca di città più intelligenti e sostenibili.

Parnell sostiene che le future città intelligenti dovranno adottare un approccio più equo, garantendo che i benefici della tecnologia e dell'innovazione siano accessibili a tutti i segmenti della società.

Sottolinea la necessità di una governance urbana più inclusiva e partecipativa, in cui i cittadini abbiano voce nelle decisioni che riguardano la loro vita.

Queste riflessioni ci forniscono una visione integrale e sfaccettata del futuro delle città intelligenti.

Ricordiamo che se la tecnologia gioca un ruolo cruciale nella costruzione di città più efficienti e sostenibili, è il modo in cui questa tecnologia viene utilizzata e implementata che determinerà il suo impatto finale sulla vita urbana.

Considerando le prospettive di diversi autori e accademici, possiamo sviluppare una visione più informata e olistica del futuro delle città intelligenti e quindi orientare i nostri sforzi verso un'urbanistica più umana, inclusiva e resiliente.

Nel contesto della costruzione delle Smart Cities, è fondamentale riconoscere il ruolo centrale che ciascun individuo svolge in questo processo di trasformazione urbana. Autori come Adam Greenfield, in "Contro la Smart City", sottolineano l'importanza della partecipazione attiva dei cittadini nella definizione delle priorità e nell'attuazione delle soluzioni urbane.

Greenfield garantisce che le Smart Cities non si considerino come entità tecnocratiche distanti, ma piuttosto come spazi in cui i cittadini hanno l'opportunità di contribuire attivamente alla creazione di ambienti urbani più umani e adatti alle loro esigenze.

Autori come Jane Jacobs, in "La morte e la vita delle grandi città americane", sottolineano l'importanza della diversità e della vitalità delle comunità locali nella costruzione di città resilienti e vibranti.

Jacobs garantisce che le città prosperino quando c'è una varietà di attività, usi del suolo e interazioni sociali, creando una rete di relazioni che sostengono il tessuto urbano.

In questo senso, i cittadini hanno un ruolo fondamentale nel mondo in quanto fruitori degli spazi urbani, nonché co-creatori e custodi dell'ambiente urbano.

Altro aspetto cruciale è l'alfabetizzazione digitale e la capacità dei cittadini di partecipare attivamente alla vita digitale delle città intelligenti.

Beth Simone Noveck, in "Smart Citizens, Smarter State: Experiential Technologies and the Future of Government", sostiene che la tecnologia digitale può consentire ai cittadini di partecipare al processo decisionale, monitorare i servizi pubblici e co-creare politiche urbane.

Ciò richiede un investimento significativo nell'educazione digitale e nei programmi di sviluppo delle capacità per garantire che tutti i cittadini possano partecipare pienamente alla vita urbana digitale.

Ciascun individuo ha quindi un ruolo essenziale da svolgere nella costruzione delle Smart Cities, attraverso la partecipazione attiva alla vita comunitaria, l'uso responsabile delle tecnologie digitali o l'impegno civico nella formulazione delle politiche urbane.

Riconoscendo e valorizzando il potenziale di ciascun cittadino come agente di cambiamento, possiamo creare città più inclusive e partecipative, adatte ai bisogni e alle aspirazioni di tutti i suoi abitanti.

Pensieri Finali

Viaggiando attraverso le Smart Cities, siamo immersi in un universo in cui innovazione e sostenibilità convergono per dare forma al futuro urbano.

Dalla sua concezione alle sue complessità, esploriamo ogni aspetto di questo concetto rivoluzionario, cercando di capire come le città si stanno trasformando in epicentri di tecnologia, efficienza e qualità della vita.

In questo libro siamo testimoni degli sforzi delle città di tutto il mondo per integrare tecnologia e governance nelle loro infrastrutture urbane.

Da Barcellona a Singapore, abbiamo visto esempi stimolanti di come l'innovazione possa ridefinire il paesaggio urbano, creando spazi più accessibili, sostenibili e inclusivi per tutti i cittadini.

Tuttavia, dobbiamo affrontare anche le sfide che queste iniziative si trovano ad affrontare, dalle preoccupazioni sulla privacy e sulla sicurezza dei dati alle disuguaglianze sociali e ambientali.

Riconosciamo che il percorso verso la costruzione di città intelligenti veramente funzionali ed eque è pieno di ostacoli e richiede un impegno continuo per la trasparenza, la partecipazione dei cittadini e la giustizia sociale.

Nel salutare questo libro, ricordiamo che il futuro delle Smart Cities è in costante evoluzione, guidato da innovazioni tecnologiche, cambiamenti sociali e sfide globali.

Smart Cities - L'intelligenza Urbana di Domani

Come agenti di cambiamento, spetta a noi accettare questa sfida, cercando soluzioni che promuovano uno sviluppo urbano più umano, sostenibile e resiliente.

Possa questo libro servire da solo come testimonianza dei risultati e delle lezioni delle città intelligenti fino alla chiusura, nonché come un invito all'azione per tutti coloro che sono impegnati nella costruzione di un futuro urbano più promettente.

Insieme possiamo dare forma a città in cui tecnologia e umanità convivono armoniosamente, garantendo un ambiente urbano vivace e inclusivo per le generazioni future.

Appendici

Glossario di Termini

Internet of Things (IoT): si riferisce alla rete di dispositivi fisici, veicoli, elettrodomestici e altri oggetti integrati con sensori, software e connettività per scambiare dati con altri dispositivi e sistemi tramite Internet.

Big Data: si riferisce all'immenso volume di dati, strutturati e non strutturati, che inondano quotidianamente le aziende e che possono essere analizzati per ottenere insight che portino a decisioni e strategie commerciali migliori.

Intelligenza artificiale (AI): si riferisce alla simulazione dei processi di intelligenza umana attraverso sistemi informatici, compreso l'apprendimento automatico, l'elaborazione del linguaggio naturale, il riconoscimento degli utenti e il processo decisionale.

Smart Grid: si riferisce a un sistema elettrico che utilizza la tecnologia di comunicazione digitale per rilevare e reagire ai cambiamenti nel comportamento del consumo di elettricità, migliorando l'efficienza, l'affidabilità e la sostenibilità della rete elettrica.

Energia rinnovabile: si riferisce a fonti energetiche che vengono reintegrate naturalmente, come l'energia solare, eolica, idroelettrica, biomassa e geotermica, in contrasto con le fonti energetiche non rinnovabili, come petrolio e carbonio.

Infrastruttura IT: si riferisce all'insieme di hardware, software, reti, installazioni e risorse necessarie per sviluppare, testare, fornire, monitorare, controllare o supportare i servizi IT.

Governance digitale: si riferisce all'applicazione dei principi di governance per la gestione di dati, informazioni e servizi digitali, garantendo trasparenza, responsabilità, partecipazione ed efficienza nella fornitura di servizi pubblici.

Mobilità urbana: si riferisce al modo in cui le persone si spostano all'interno delle aree urbane, compresi i trasporti pubblici, i veicoli privati, le biciclette, gli spostamenti a piedi e altre forme di trasporto.

Inclusione digitale: si riferisce alla parità di accesso e alla capacità di utilizzare le tecnologie dell'informazione e della comunicazione, compreso l'accesso a Internet, ai dispositivi digitali e alle competenze digitali.

Partecipazione dei cittadini: si riferisce alla partecipazione attiva dei cittadini al processo decisionale politico, al monitoraggio dei servizi pubblici e alla formulazione delle politiche urbane, promuovendo maggiore trasparenza, responsabilità e democrazia.

Libri Consigliati

"Città intelligenti: Big Data, hacker civici e la ricerca di una nuova utopia" di Anthony M. Townsend: esplora il ruolo della tecnologia nella trasformazione delle città e le sfide che affronta la ricerca di un'utopia urbana.

"La città ricettiva: coinvolgere le comunità attraverso una governance intelligente dei dati" di Stephen Goldsmith e Susan Crawford: esamina come le città possono utilizzare dati e tecnologia per migliorare i servizi urbani e promuovere una governance più efficace.

"Città intelligenti: governance, modellazione e analisi della transizione" di Mark Deakin e Husam Al Waer: fornisce un'analisi completa delle città intelligenti, inclusi modelli di governance, strategie di implementazione e impatti sociali e ambientali.

"Il futuro delle professioni: come la tecnologia trasformerà il lavoro degli esperti umani" di Richard Susskind e Daniel

Susskind - Affronta l'impatto della tecnologia, inclusa l'intelligenza artificiale, nella trasformazione di diverse professioni, tra cui la pianificazione urbana e la gestione pubblica.

Articoli e Relazioni Accademiche

"Città intelligenti: un'indagine su gestione dei dati, sicurezza e privacy" di A. Zanella, N. Bui, A. Castellani, L. Vangelista e M. Zorzi - Una rassegna esaustiva delle sfide della gestione dei dati, della sicurezza e della privacy in Smart Città.

"Città intelligenti: recenti progressi nella progettazione e nelle applicazioni delle infrastrutture" di Mohamed El-Hadidy: un articolo che analizza gli ultimi progressi nella progettazione e nelle applicazioni delle infrastrutture nelle città intelligenti.

Rapporti dell'Organizzazione per la Cooperazione e lo Sviluppo Economico (OCSE) sulle città intelligenti: l'OCSE ha prodotto una serie di rapporti e documenti politici che esaminano il ruolo delle città intelligenti nel promuovere la crescita economica, l'innovazione e la sostenibilità.

Siti Web e piattaforme pertinenti:

Smart Cities Council: un'organizzazione globale che fornisce risorse, guida e supporto ai leader urbani interessati ad implementare soluzioni per città intelligenti.

Associazione Europea per l'Innovazione nelle Città e Comunità Intelligenti (EIP-SCC): un'iniziativa della Commissione Europea che riunisce città, aziende e cittadini per promuovere soluzioni innovative alle sfide urbane.

The Smart Cities Lab: una piattaforma online che offre conoscenze, notizie e risorse sullo sviluppo delle città intelligenti in tutto il mondo.

Contatti e Reti di Collaborazione

Smart City Council: un'organizzazione globale che fornisce risorse, guida e supporto ai leader urbani interessati ad implementare soluzioni per città intelligenti. [Sito web](https://smartcitiescouncil.com/)

Associazione Europea per l'Innovazione nelle Città e Comunità Intelligenti (EIP-SCC): un'iniziativa della Commissione Europea che riunisce città, aziende e cittadini per promuovere soluzioni innovative alle sfide urbane. [Sito web](https://eu-smartcities.eu/)

The Smart Cities Lab: una piattaforma online che offre conoscenze, notizie e risorse sullo sviluppo delle città intelligenti in tutto il mondo. [Sito Web](https://smartcitieslab.com/)

ICLEI - Governi Locali per la Sostenibilità: una rete globale di governi locali e regionali impegnati nello sviluppo sostenibile. Offre programmi e risorse relativi alle Smart Cities. [Sito web](https://iclei.org/)

International City/County Management Association (ICMA): un'associazione globale di professionisti della gestione municipale che offre risorse ed eventi relativi alle città intelligenti e alla governance urbana. [Sito web](https://icma.org/)

IEEE Smart Cities Initiative: un'iniziativa dell'IEEE (Instituto de Ingenieros Eléctricos y Electrónicos) che promuove la collaborazione e lo scambio di conoscenze sulle tecnologie per le città intelligenti. [Sito Web](https://smartcities.ieee.org/)

National League of Cities (NLC): organizzazione negli Stati Uniti che fornisce risorse, ricerca e promozione di politiche legate ai bisogni delle città e delle comunità locali. [Sito Web](https://www.nlc.org/)

Smart Cities Association: Associazione internazionale che promuove lo scambio di conoscenze e buone pratiche nelle Smart Cities. [Sito web](https://smartcitiesassociation.org/)

Riferimenti

Alawadhi, S., et al. (2012). "Un'iniziativa per una città intelligente: il caso di Surat". Journal of Information Technology Cases (JCIT) 14.2: 19-32.

Amin, MS et al. (2005). "C'erano reti intelligenti che si autoriparavano." Assemblea generale della Società di ingegneria elettrica, 2005. IEEE.

Batty, M., et al. (2012). "Big data e città". Ambiente costruito 38.3: 207-229.

Batty, M., Axhausen, K. W., Giannotti, F., Pozdnoukhov, A., Bazzani, A., Wachowicz, M. e Portugali, Y. (2012). Città intelligenti del futuro. Temi speciali dell'European Journal of Physics, 214(1), 481-518.

Caragliu, A., et al. (2011). "Città intelligenti in Europa". Revista de Tecnología Urbana 18.2: 65-82.

Chen, D., et al. (2017). "Città intelligenti: una visione tecnologica generale". SAE Revista Internacional de Turismos-Sistemas Electrónicos y Eléctricos 10.2: 253-263.

Chen, H., et al. (2014). "Big data per l'analisi dei social network". Analisi dei Big Data 1.1: 2-21.

Chen, M., et al. (2019). "L'intelligenza artificiale nell'energia: stato dell'arte e tendenze future". Energia applicata 250: 120-165.

Chourabi, H., et al. (2012). "Capire le città intelligenti: un quadro integrativo". Scienze dei sistemi (HICSS), 2012 45a conferenza internazionale delle Hawaii su. IEEE.

Chow, KP; Li, X.; Wang, J.; Bronzeado, Y.; Tay, BK Smart City 360°: primo vertice internazionale dell'EAI, Smart City 360°, Bratislava, Slovacchia e Toronto, Canada, dal 13 al 16 ottobre 2015. Verbale. Ponticello, 2015.

Commissione europea. (2014). Orizzonte 2020 - Programma di lavoro 2014-2015. Trasporti intelligenti, green e integrati. Unione Europea.

Associazione europea per l'innovazione nelle città e comunità intelligenti (EIP-SCC). (https://eu-smartcities.eu/)

Hollands, RG (2008). Sorgerà la vera città intelligente? L'imprenditore è intelligente e sta progredendo? Città, 12(3), 303-320.

ICLEI – Gli Enti Locali per la Sostenibilità. (https://iclei.org/)

Iniziativa IEEE Smart Cities. (https://smartcities.ieee.org/)

Unione internazionale delle telecomunicazioni. (2014). Città intelligenti e sostenibili: un'analisi delle definizioni. Unione internazionale delle telecomunicazioni.

Komninos, N. (2002). Città intelligenti: innovazione, sistemi di conoscenza e spazi digitali. Rutledge.

Nam, T. e Pardo, T.A. (2011). Concettualizzare la città intelligente con dimensioni di tecnologia, persone e istituzioni. Gli atti della 12a conferenza internazionale annuale sulla ricerca sul governo digitale.

Lega nazionale delle città (NLC). (https://www.nlc.org/)

Associazione Città Intelligenti. (https://smartcitiesassociation.org/)

Consiglio delle città intelligenti. (https://smartcitiescouncil.com/)

Il Laboratorio di Città Inteligenti (https://smartcitieslab.com/)

Smart Cities - L'intelligenza Urbana di Domani

www.ingramcontent.com/pod-product-compliance
Lightning Source LLC
Chambersburg PA
CBHW051615250726
48653CB00004BA/1518